Guido Köstermeyer

Klettertechnik – sicher und effektiv klettern –

Herstellung: Books on Demand GmbH

2002

ISBN 3-8311-4689-6

Guido Köstermeyer:

Klettertechnik
– sicher und effektiv klettern –

Bildnachweis:

Albert, Archiv Köstermeyer, Binney, Joisten

Inhalt

Vorwort 5
Teil 1: Sicherungstechnik 6
Ausrüstung 6
    Minimalausrüstung 19
Knoten 20
    Knoten lehren 23
Sicherungsmethoden 25
    Halbmastwurfsicherung 25
    Achtersicherung 28
    GRIGRI 30
    Tubes 32
Topropeklettern 35
    Einbinden 35
    Sicherungsmethode 36
    Standort des Sicherers 37
    Einrichten des Topropes 37
    Einweisen in das Topropeklettern 38
Vorsteigen 40
    Einbinden 40
    Standort des Sicherers 41
    Einhängen der Haken 41
    Stürzen 44
    Sturztraining 45
    Umbauen 46
    Einweisen in das Vorsteigen 49
Sichern in Mehrseillängenrouten 50
    Material, Vorbereitung 50
Abseilen 52
    Einrichten der Abseilstelle 52
    Selbstsicherung 53
    Abseilmethoden 53
    Selbstsicherung beim Abseilen 53
Teil 2: Klettertechnik 56
Kletterprinzipien 56
    Die Bewegung vorbereiten (Vorbereitungsphase) 58
    Die Bewegung ausführen (Hauptphase) 68
    Die Bewegung beenden (Endphase) 72

    Kletterprinzipien am Fels und in der Halle 72
    Kletterprinzipien lernen 74
    Lern- und Trainingsmethodik 79
Übungseinheiten 82
    Die Griffe und Tritte erfühlen 82
    Die Füße belasten und spreizen 84
    Höhe gewinnen 86
    Im Überhang klettern 88
    Im Dach klettern 92
    Dynamisch klettern 93
    Den Weg planen 94
    Präziser klettern 97
    Kondition und Technik verbinden 98
Verschiedenes 100
    Klettern und Naturschutz 100
    Klettern im Internet 102
    Kletterbegriffe 104
    Der Autor 108
    Literatur 109

Vorwort

Klettern ist ein faszinierender und komplexer Sport, der neben dem Bewegen am Fels auch die Beherrschung der Sicherungstechniken voraussetzt.
Dieses Buch vermittelt die für das Sportklettern notwendigen Sicherungs- und Klettertechniken. Wobei klar und deutlich zu sagen ist, dass die Lektüre einen Kletterkurs nur ergänzen und nicht ersetzen kann.
Der erste Teil des Buches behandelt die elementaren Ausrüstungsgegenstände, Knoten und Sicherungsmethoden zum Klettern gut gesicherter Routen in Kletterhallen und Klettergärten.
Im zweiten Teil wird ein neues Konzept der Vermittlung der Klettertechniken in Form von Kletterprinzipien beschrieben. Dieses basiert auf dem derzeitigen Stand der Forschung der Bewegungswissenschaft und ist in zahlreichen Kletterstunden erprobt worden. Im Gegensatz zu anderen Lehrbüchern wird besonderer Wert auf die Beschreibung von zahlreichen Übungen gelegt, mit denen vom Kletteranfänger bis zum Kletterexperten sich jeder sein eigenes Klettertechniktrainingsprogramm zusammenstellen kann.

Guido Köstermeyer

Erlangen November 2002

Teil 1: Sicherungstechnik

Klettern ist ein Sport, bei dem die Ausrüstung eine entscheidende Rolle spielt. Die eigene Sicherheit hängt von der Qualität der Ausrüstung und ihrer richtigen Anwendung ab. Im Folgendem wird die Grundausrüstung für das Sportklettern vorgestellt.

Ausrüstung

Kletterausrüstung muss hinsichtlich Festigkeit und Qualität bestimmte Normen erfüllen. Genormte Ausrüstungsgegenstände erkennt man an der Kennzeichnung mit dem europäischem CE-Gütesiegel oder der strengeren UIAA- Norm des internationalen Bergsportverbandes.

Gurt

Zum Sportklettern wird ein Hüftsitzgurt verwendet, der etwa 50-70 € kostet. Gurte mit Polsterungen sind bequemer beim Sichern, Abseilen oder am Standplatz, aber meistens auch teurer.
In bestimmten Situationen beim alpinen Klettern wird der Hüft-

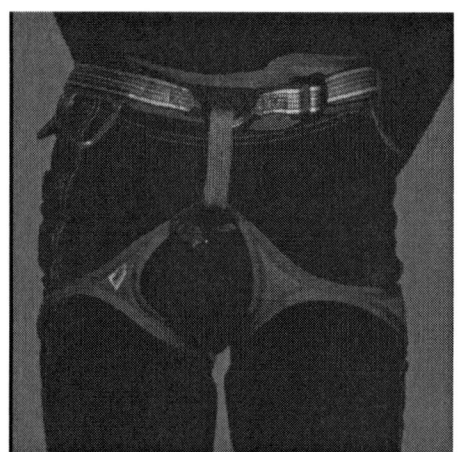

Hüftgurt

sitzgurt durch einen Brustgurt ergänzt, um Überkopfstürze zu vermeiden. Dies ist auch bei Kindern unter zehn Jahren aufgrund der hohen Schwerpunktlage zu empfehlen.

Sicherungstechnik

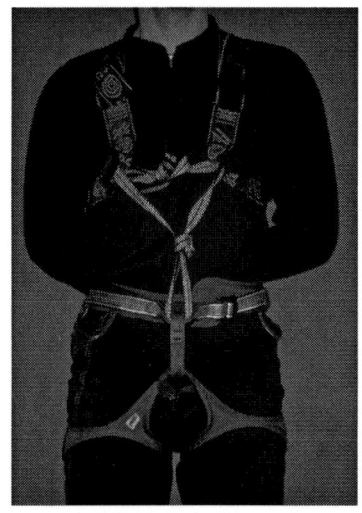

Brustgurt und Hüftgurt über ein Seilstück verbunden

Tipp!
Unbedingt den Sitz des Gurtes durch eine Hängeprobe beim Kauf prüfen. Der Hüftgurt sollte über dem Beckenknochen liegen. An den Beinschlaufen sollte noch je eine Hand hineinpassen. Auf keinen Fall die Jeans anlassen, sondern eine enge Kletterhose anziehen. Man sollte beschwerdefrei im Gurt hängen können.

Wichtig!
Es gibt unterschiedliche Verschlusssysteme. Beim Gurt anlegen genau die Anweisungen des Herstellers befolgen.

Kletterschuhe

Unverzichtbarer Ausrüstungsgegenstand sind Kletterschuhe. Beim Kauf von Kletterschuhen sollten die folgenden Punkte beachtet werden.

Typen

Es gibt vier verschiedene Ausführungen von Kletterschuhen auf dem Markt. Der Ballerina oder Slipper ist für Anfänger zu weich, allerdings ist der Preis aufgrund der einfachen Bauweise attraktiv. Der geschnürte Halbschuh mit fester Sohle sollte das Modell der Wahl sein - alternativ dazu gibt es den „Velcro", bei dem statt der üblichen Schnürsenkel Klettverschlüsse angebracht sind. Kletterschuhe die über den Knöchel gehen sind nur für Leute, die vorwiegend Risse klettern möchten oder Sprunggelenksbeschwerden haben, notwendig.

Ballerina, Velcro und Schnürschuh

Größe

Kletterschuhe müssen eng sitzen, da sich ansonsten die Schuhspitze wegbiegen kann und man nicht sicher auf kleinen Tritten steht. Zu enge Schuhe schmerzen allerdings bereits nach kurzer Zeit und sind beim Klettern hinderlich. In gut passenden Kletterschuhen sollten die Zehen leicht gebeugt sein.

Härte – Steifigkeit

Für den Anfänger sollten die Schuhe eine relativ steife Sohle haben. Diese ermöglicht Kraft sparendes Klettern. Zu weiche Schuhe leiern schnell aus und sind schlecht wieder zu besohlen.

Chalkbag

Ein Chalkbag ist ein kleiner Beutel, der um die Hüfte getragen wird. In ihm befindet sich Magnesia, dass den Schweiß der Finger aufnimmt und so für einen besseren Griff sorgt. In den untersten Schwierigkeitsgraden ist dies nicht unbedingt notwendig. Beim Klettern schwieriger Routen wird Magnesia aber unerlässlich.

Sicherungstechnik

> **Wichtig!**
> Nicht in allen Klettergebieten ist die Verwendung von Magnesia erlaubt. Die Informationen zum Gebrauch von Magnesia findet man im Kletterführer.

Helm

Ein Helm ist zum Sportklettern in der Halle meist nicht notwendig. Angebracht ist das Tragen eines Helms immer dann, wenn die Gefahr von Steinschlag droht oder man unkontrolliert stürzen kann. Beim Klettern in

der Natur sollte ein Helm getragen werden. Die meisten Kletterer verzichten allerdings auf das Tragen eines Helms im Klettergarten.

Seil

Das Seil ist einer der wichtigsten Ausrüstungsgegenstände des Sportkletterers. Man unterscheidet zwischen Einfach-, Halb- und Zwillingsseilen. Den Seiltyp erkennt man an der Banderole am Seilende. Zwillingsseile sind dünner und leichter als Einfachseile, da sie nur gemeinsam verwendet werden dürfen. Das heißt, man klettert mit zwei dünneren Seilen anstelle eines dickeren Seils. Der Vorteil des Kletterns mit Zwillingsseil liegt in der Möglichkeit sich beispielsweise im Gebirge über längere Strecken abseilen zu können. Halbseile sind etwas dicker und stabiler als Zwillingsseile. Mit Halbseilen kann, bei schwierig abzusichernden Routen. Seilreibung und potentielle Sturzhöhe durch Anwendung der Halbseiltechnik im Vorstieg reduziert werden. Bei dieser Technik gibt der Sicherer immer nur das Seil aus, das in die nächste Sicherung eingehängt werden soll.
Halbseile werden vorwiegend beim Klettern im Gebirge verwendet. Beim Sportklettern gebräuchlich ist das Einfachseil. Dieses sollte mindestens 60m lang sein, da der Sportkletterer in

der Regel am Ende einer Route wieder abgelassen wird. Bei einer Routenlänge von 30m benötigt man hierzu ein 60m Seil. Gerade in den beliebten Klettergebieten in Südeuropa sind Routenlängen von 30m häufig anzutreffen.

Seilfestigkeit und Seilverschleiß

Einfachseile müssen am Prüfstand fünf Stürze eines 80kg schweren Eisengewichts mit einem Sturzfaktor von 1,75 halten, um die UIAA- Norm zu bekommen. Der Sturzfaktor von 1,75 bedeutet beispielsweise, dass bei 10m ausgegebenem Seil der Kletterer in eine Zwischensicherung in 1,25m Höhe über dem Standplatz stürzt. Das heißt, er stürzt insgesamt 17,5m bei 10m ausgegebenem Seil, hieraus ergibt sich ein Sturzfaktor von 1,75 (Sturzhöhe dividiert durch ausgegebenes Seil). Solch harte Stürze treten beim Sportklettern zum Glück nicht auf. Der Sturzfaktor beim Sportklettern liegt in der Regel bei 0,3-0,5. Die Gefahr eines Seilrisses bei einem „kleinen Sportklettersturz" ist so gut wie ausgeschlossen. Versuche von Pit Schubert, dem Sicherheitsexperten des Alpenvereins, haben gezeigt, dass moderne Kunststoffseile egal wie alt, dick oder abgenutzt sie sind nur reißen, wenn sie bei einem Sturz über eine scharfe Kante laufen. Dies ist beim Sportklettern so gut wie ausgeschlossen. Tatsächlich sind keine Seilrisse beim Sportklettern bekannt. Dennoch sollte man sorgsam mit seinem Seil umgehen. Insbesondere der Kontakt mit Säuren, beispielsweise bei der Lagerung, sollte vermieden werden. Auch die Markierung der Seilmitte mit Farbstiften setzt die Festigkeit eines Seils herab. Kletterseile „leiden" unter der Abnutzung vor allem beim Ablassen, Topropeklettern und bei kurzen Stürzen ins Seil. Die Abnutzung erkennt man an einer aufgerauhten Stelle des Seilmantels.

Sicherungstechnik

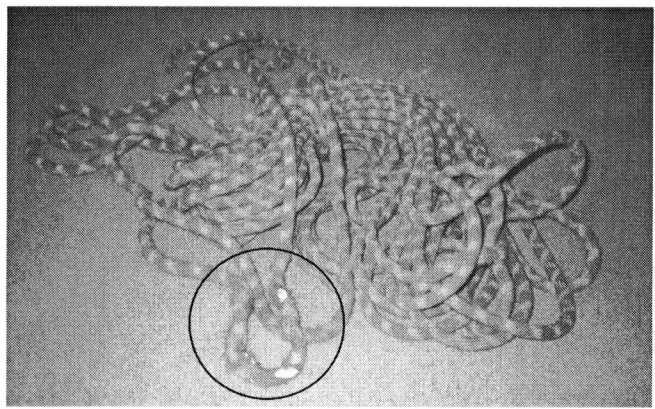

Eine allgemeine Regel für die Dauer des Seilgebrauchs gibt es nicht. Bei deutlich erkennbaren Abnutzungsspuren am Mantel sollte man das Seil jedoch austauschen oder nur noch zum Topropeklettern verwenden. Wird das Seil durch Steinschlag, Säuren oder Ähnliches beschädigt, sollte es ausgesondert werden.
Eine gute Möglichkeit das Seil vor Schmutz und schneller Abnutzung zu schützen, ist die Verwendung eines Seilsacks. Dies ist eine Plane, die am Boden ausgelegt wird. Auf dieser liegt das Seil vor Staub und Schmutz geschützt. Auch für die Aufbewahrung des Seils bietet der Seilsack Vorteile, da er Schutz vor UV-Licht bietet.

Seilkauf

Auf der Verpackung eines Seils sind unter anderem die Angaben zu Durchmesser, Länge, der Anzahl der gehaltenen Normstürze, Gewicht und die Höhe des Fangstoßes sowie Angaben zur Seildehnung bei Gebrauch. Neben Preis und Länge ist ein wichtiges Kaufargument die Anzahl der gehaltenen Normstürze. Nach UIAA Norm müssen es mindestens fünf sein. Eine Imprägnierung als Schutz vor Feuchtigkeit und Schmutz ist, für den Verwendungszweck Sportklettern, nicht unbedingt erforderlich. Wichtiger ist eine Länge von 60m oder mehr, damit man gefahrlos im Toprope klettern kann.

Seilaufnehmen

Um das Seil ohne Seilsack transportieren zu können, muss man es aufnehmen oder aufschießen. Praktisch ist die französische Methode, da diese erlaubt das Seil wie einen Rucksack auf den Rücken zu binden.
Das Seil kann hierbei von der Mitte aus oder von den Enden her aufgenommen werden. Da die Enden leichter zu finden sind als die Mitte, wird diese Variante hier beschrieben.

- Beide Enden suchen und in eine Hand nehmen.
- Von den Enden her ca. 2m als Seilrest durchziehen.
- Das Seil in Schlaufen (nicht in Kreisen, dies verursacht Krangel) von einer Armspanne aufnehmen.
- Ist das Ende erreicht, wird der Seilrest drei- bis viermal fest um das Seil gewickelt.
- Der verbleibende Seilrest wird doppelt zu einer „Öse" durch das „Seilauge" gezogen (Will man das Seil auf dem Rücken tragen, muss man einen längeren Seilrest lassen.).
- Nun werden die Enden durch die Öse gesteckt und fest zu gezogen.

Sicherungstechnik

Seil aufnehmen

Karabiner und Expressschlinge

Ein Karabiner dient dazu das Seil oder anderes Schlingenmaterial mit Haken, Gurt usw. zu verbinden. Je nach Verwendungszweck unterscheidet man mehrere Arten von Karabinern.

Normalkarabiner

Der Normalkarabiner dient dazu das Seil in die Zwischensicherungen wie Haken, Schlingen und Klemmkeile einzuhängen. Der Normalkarabiner hat eine längliche Form. Um das Einhängen des Seils in den Karabiner zu erleichtern gibt es zwei unterschiedliche Formen des Schnappers. Karabiner mit geradem Schnapper sind zum Einhängen von Haken und Ähnlichem gedacht, während Karabiner mit gebogenem Schnapper das Einhängen des Seils in den Karabiner erleichtern sollen.
Karabiner werden meist zu einer Expressschlinge verbunden. Das heißt, eine genähte Bandschlinge wird zwischen zwei Karabiner geschaltet. Der Karabiner, der ins Seil eingehängt wird, hat einen gebogenen Schnapper, der andere einen geraden Schnapper.

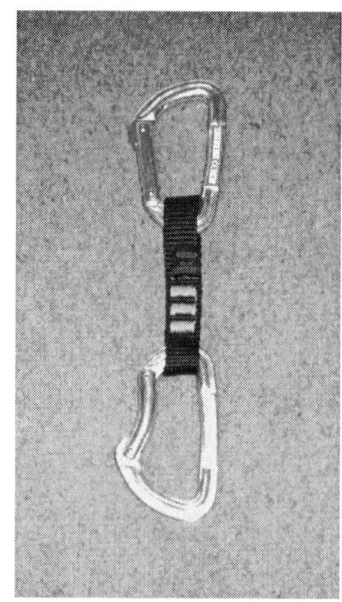

Expressschlinge mit geradem Karabiner für den Haken und gebogenem Karabiner für das Seil.

Sicherungstechnik

Wichtig! Der Karabiner mit gebogenem Schnapper wird am speziell eng abgenähten Ende der Schlinge angebracht. Hierdurch wird ein ungewolltes Drehen des Karabiners vermieden.

Oft wird das ungewollte Drehen des Karabiners auch durch Abkleben mit Tape oder durch Haargummis verhindert. Dreht sich der Karabiner, kann es im Falle eines Sturzes zum Bruch des Karabiners kommen, da dieser in Querrichtung nur eine geringe Bruchlast aufweist.

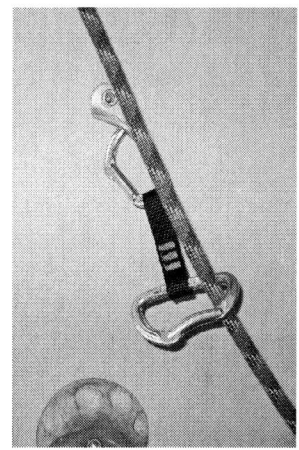

Schraubkarabiner

Schraubkarabiner gibt es beim Sportklettern in der Form eines Normalkarabiners und in Birnenform (Halbmastwurfsich-erungskarabiner).
Der Schraubkarabiner in Normalform dient zur Selbstsicherung am Standplatz und zum Ab-

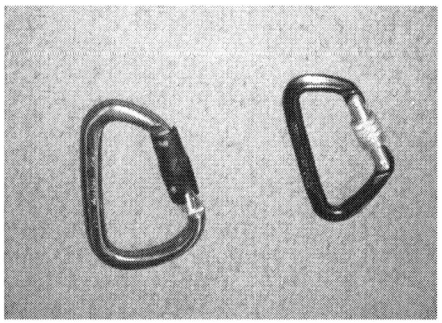

seilen und Sichern bei verschieden Sicherungsmethoden. Die große, birnenförmige Seite des HMS- Karabiners erleichtert den Seillauf des HMS- Knotens. Dieser Karabiner wird zur HMS- Sicherung verwendet.
Der Verschluss der Schraubkarabiner soll ein ungewolltes Öffnen des Schnappers vermeiden. Es gibt verschiedene Verschlusssysteme. Am häufigsten verwendet wird die Schraubsicherung. Daneben gibt es noch halbautomatische Verschlusssysteme

Bandschlingen

Genähte Bandschlingen werden häufig zur Selbst- oder Zwischensicherung verwandt. An der Anzahl der eingewebten Fäden kann man die Festigkeit der Schlinge erkennen. Ein Faden bedeutet 8kN Festigkeit.

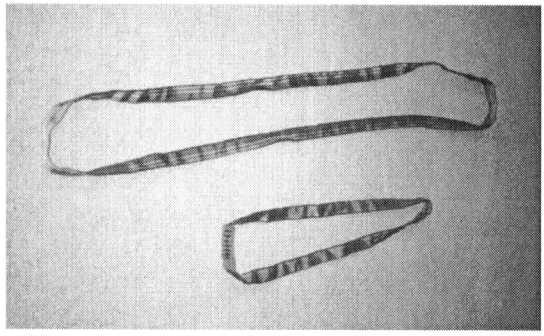

Genähte Bandschlingen verschiedener Länge

Bandschlingen gibt es auch als Meterware zu kaufen. In diesem Fall müssen sie mit dem Bandschlingenknoten zu einer Schlinge verknotet werden.
Als Zwischensicherung werden Bandschlingen um Felszacken gelegt, um kleine Bäume geschlungen oder durch Sanduhren gefädelt.

Reepschnur

Reepschnüre schauen aus wie dünne Seile. Sie werden zum Prusiken (spezielle Technik zum Aufsteigen am Seil), als Selbstsicherung beim Abseilen oder als Zwischensicherung für Sanduhren benötigt.

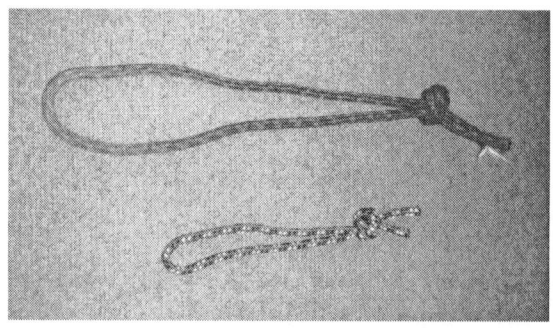

In einigen Klettergebieten ist die Verwendung von Klemmkeilen verboten, dort werden Reepschnüre in Form von Knotenschlingen zum Zwischensichern

Sicherungstechnik

benutzt. Reepschnüre werden mit dem so genannten Spierenstich oder Sackstich zu einer Schlinge verbunden.

Haken

Die häufigste Art der Zwischensicherung sind Haken. Man unterscheidet Normalhaken, die in Felsrisse oder Löcher geschlagen werden, und Bohrhaken, die in ein extra gebohrtes Loch gesetzt werden. Bohrhaken werden in den Fels einzementiert oder über einen Spreizdübel fixiert.

Wichtig!
Jeder Haken ist potenziell unsicher. Jeder Kletterer muss jeden Haken vor der Verwendung prüfen. Dies gilt besonders für Normalhaken.

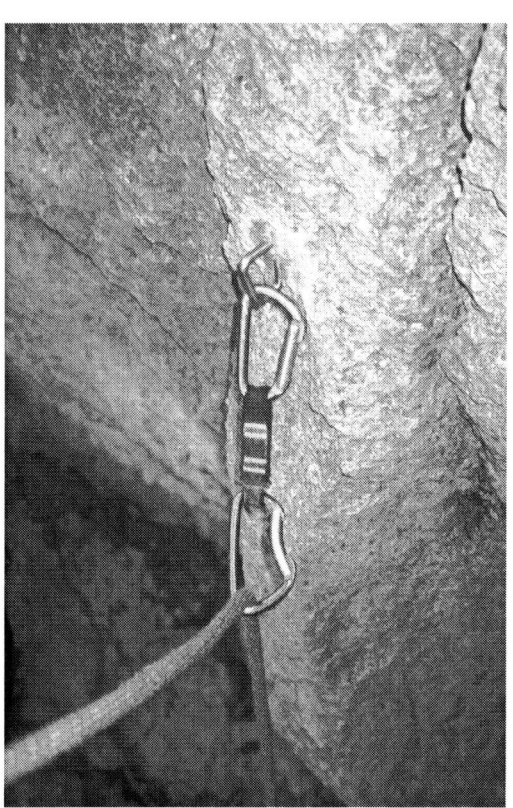

Klemmkeile

Klemmkeile sind spezielle Sicherungsgeräte die in Felsrisse oder Löcher gelegt und dort verklemmt werden. Da diese Risse und Löcher verschieden groß sind, benötigt man eine Vielzahl von Klemmkeilen in verschiedenen Größen. Besondere Klemmgeräte sind „Friends". Diese exzentrischen Klemmapparate klemmen auch in parallelen Rissen.

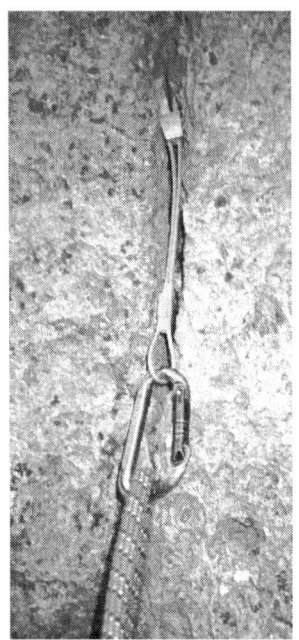

Wesentlich schwieriger als das Einhängen eines Hakens ist das Legen eines Klemmkeils. Man muss nicht nur die passende Stelle und den passenden Keil finden, sondern sich auch noch viel länger mit einer Hand festhalten und sicher stehen. Wie gut ein Klemmkeil einen Sturz hält, hängt davon ab, wie gut er gelegt ist und wie der Fels beschaffen ist.

Sicherungstechnik

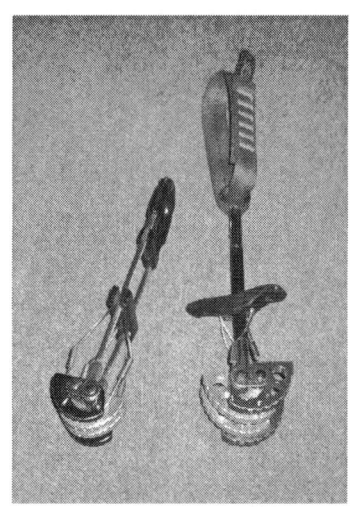

Klemmkeile (vorherige Seite) und Friends (rechts)

Wichtig!
Das Legen dieser natürlichen Sicherungspunkte bedarf sehr viel Erfahrung und sollte zunächst geübt werden, bevor man sich auf die selbst gelegten Klemmkeile verlässt. Klemmkeile legen lernt man durch Üben und nicht durch Lesen. Deshalb wird auf die ausführliche Darstellung an dieser Stelle verzichtet.

Minimalausrüstung

Für Sportklettern in der Halle: Gurt, Seil (wird in einigen Hallen gestellt), HMS-Karabiner, Kletterschuhe, Chalkbag

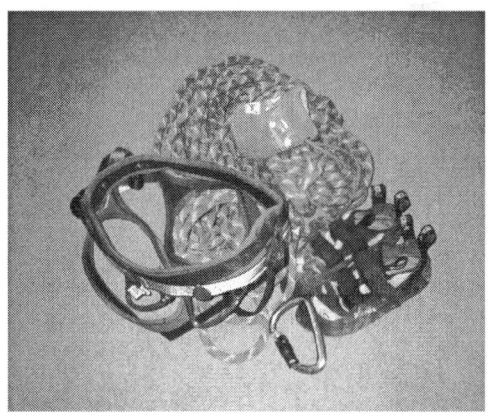

19

Mimimalausrüstung für Sportklettern an gut gesicherten Felsrouten: Gurt, Seil, Expressschlingen, HMS- Karabiner, 2 Bandschlingen zur Selbstsicherung, Kletterschuhe, Chalkbag

Knoten

Auch für einfache Sportkletterrouten muss man einige Knoten *kennen* und *können*. Für das Knüpfen von Knoten gilt immer, dass sie sehr genau gemacht werden müssen.

Bei allen Knoten auf ausreichende Seilüberstände achten. Der Seilüberstand sollte etwa das 10fache des Seildurchmessers betragen.

Halbmastwurf

Der Halbmastwurf (HMS) wird für die HMS- Sicherung des Seilpartners benötigt.

Halbmastwurf

Sicherungstechnik

Der Mastwurf ist eine Variante des Halbmastwurfs, die zur Selbstsicherung am Standplatz eingesetzt wird.

Achterknoten

Der Achterknoten wird zum Einbinden benötigt. Wie man ihn macht findest du weiter unten erklärt.

Sackstich

Der geworfene Sackstich wird beispielsweise als Seilverbindung beim Abseilen benutzt. Er kann auch zum Einbinden verwendet werden.

Geworfener Sackstich in der Grundform, zurückgesteckter Sackstich und als Seilverbindung beim Abseilen.

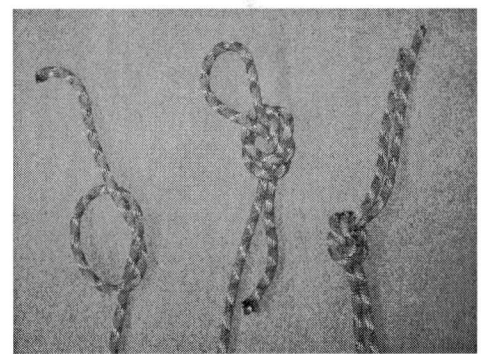

Bandschlingenknoten

Der Bandschlingenknoten ähnelt dem Sackstich. Verwendet wird er zum Verknoten von Bandmaterial zu einer Schlinge. Wichtig, die Bänder sollten sauber aufeinander liegen.

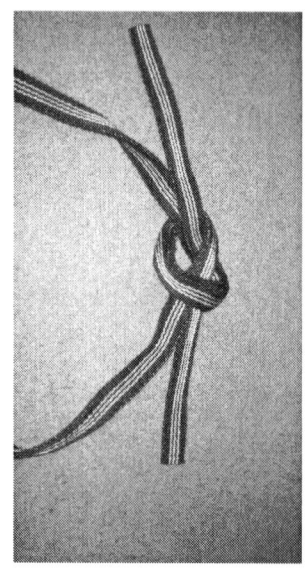

Prusikknoten

Der Prusikknoten wird mit einer Reepschnurschlinge um ein Seil geknüpft.

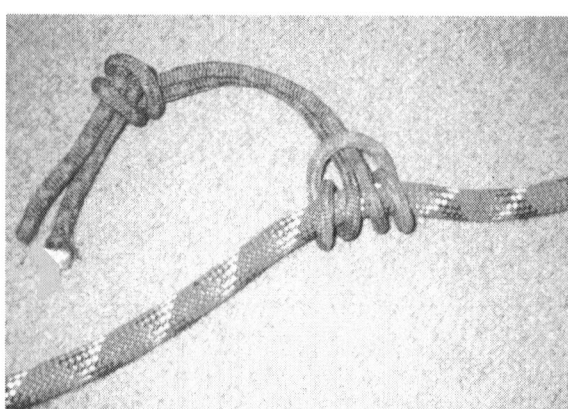

Prusikknoten zur Selbstsicherung beim Abseilen.

Schleifknoten

Der Schleifknoten wird zum fixieren des Seils bei verschiedenen Sicherungsmethoden benötigt. Der Schleifknoten zum Blockieren der HMS- Sicherung wird um das Seil herum gelegt,

Sicherungstechnik

während der Schleifknoten zum Blockieren von Sicherungsgeräten wie GRIGRI und Tube in das Bremsseil geknotet wird.

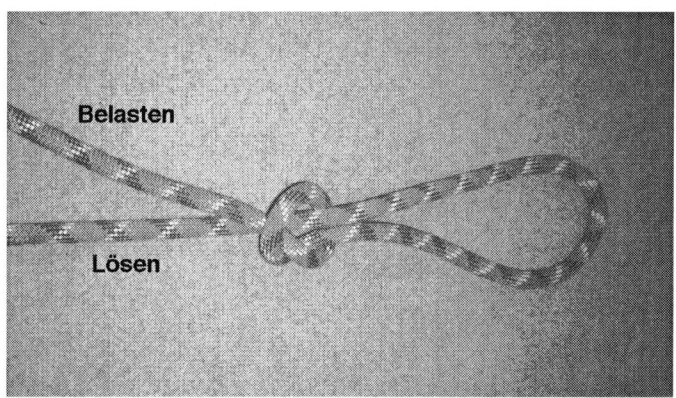

Einfacher Schleifknoten

Der Schleifknoten rutscht unter Belastung zunächst vor die Sicherung. Gelöst wird er durch Zug am Bremsseil.

Knoten lehren

Generell sollten Knoten so oft geübt werden, bis sie „blind" und absolut sicher fehlerfrei gemacht werden können. Beim Klettern kann es vorkommen, dass man einen Knoten mit einer Hand machen muss. Daher sollte man in jedem Fall auch das einhändige Knüpfen der Knoten üben.
Die beiden am häufigsten benötigten Knoten sind der Halbmastwurf und der Achterknoten. Diese Knoten werden ausführlich beschrieben.

„Brezelmethode" zum Vermitteln des HMS

- Mache einen Schlag.
- Mache mit der gleichen Handbewegung noch einen Schlag.
- *Kontrolle*: Du hast eine Brezel.

- Klappe die Brezel aufeinander und greife die beiden Seilkreise.
- *Kontrolle*: Gießkanne.
- Hänge nun die „Gießkanne" in den HMS- Karabiner ein und schließe den Schraubverschluss.
- *Kontrolle*: Knoten schlägt um.

Achterknoten

- Fasse das Seil etwa 60cm vor dem Ende.
- Mache einen Schlag so dass das kürzere Seilende oben liegt.
- Umfahre den Schlag mit dem kürzeren Seilende vollständig.
- Stecke das kürzere Seilende von unten in den Schlag.
- *Kontrolle*: Das Seilgebilde schaut wie eine Acht aus.
- Führe das Seilende durch die Anseilschlaufe oder Bauch- und Beinöse.
- Fahre die Acht mit dem Seilende nach.
- *Kontrolle*: Die Seile müssen am Ende parallel liegen.

Sicherungstechnik

Sicherungsmethoden

Die Sicherungsmethoden beim Sportklettern sind sehr komplex, da zugleich Seil eingezogen und ausgegeben werden muss und eine hohe Bremswirkung bei einem Sturz oder zum Ablassen erforderlich ist. Für das Einziehen und Ausgeben des Seils ist eine niedrige Bremswirkung günstig, für das Abbremsen des Sturzes eine hohe. Dieser Widerspruch wird von den verschiedenen Sicherungsmethoden auf unterschiedliche Art und Weise gelöst. Es gibt daher nicht *die* beste Sicherungsmethode: Für das Sichern im Vor- und Nachstieg sind unterschiedliche Methoden vorteilhaft.

Halbmastwurfsicherung

Die Halbmastwurfsicherung (HMS) ist aufgrund der hohen Bremswirkung auch für Kletteranfänger eine gut geeignete Sicherungsmethode für Vor- und Nachstieg. Man benötigt hierzu einen speziellen HMS- Karabiner, der an einer Seite deutlich breiter ist. Diese Form erlaubt eine leichte Handhabung des Knotens.

Seil einziehen und ausgeben

Zum Seil einziehen werden beide Seilenden parallel nach oben gehalten. Eine Hand umfasst ständig das Bremsseil. Das Seil wird mit der Bremshand gezogen, die freie Hand schiebt das Seil leicht nach. Zum Nachfassen werden zunächst beide Seile mit einer Hand gefasst, dann greift die Bremshand nach. Beim Seil ausgeben werden wie beim Seil einziehen beide Seilstränge nach oben gehalten, lediglich die Richtung ändert sich.

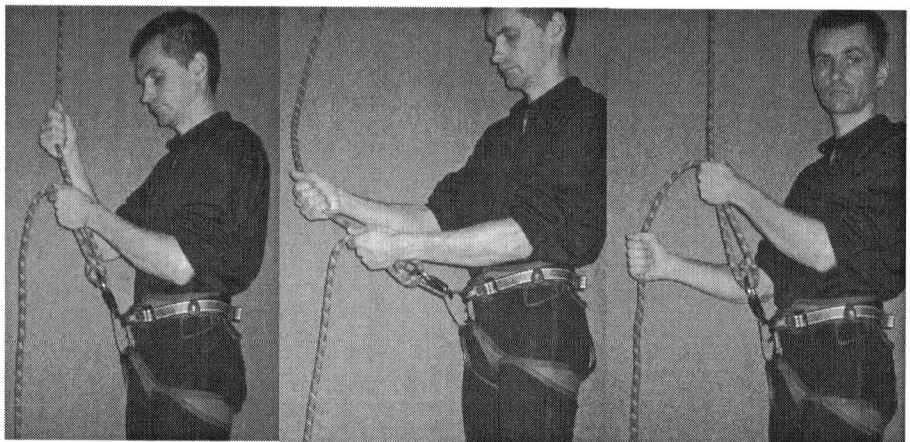

Ablassen

Zum Ablassen des Seilpartners werden ebenfalls beide Seilstränge parallel nach oben gehalten und mit einer Hand gefasst. Die andere Hand fasst das Bremsseil (Bild oben rechts).

Blockieren

Die HMS- Sicherung kann mit einem Schleifknoten blockiert werden. Hierzu wird das Seil parallel nach oben gehalten, ein Schlag in das Bremsseil gemacht und der freie Seilrest des Bremsseils doppelt um das Sicherungsseil herum durch den Seilring gezogen. Der Schleifknoten rutscht nun bis an den HMS- Karabiner vor. Er kann unter Belastung durch Zug nach oben am Bremsseil geöffnet werden.

Sicherungstechnik

Wichtig! Auch bei blockiertem HMS mit Schleifknoten darf das Bremsseil nicht losgelassen werden.

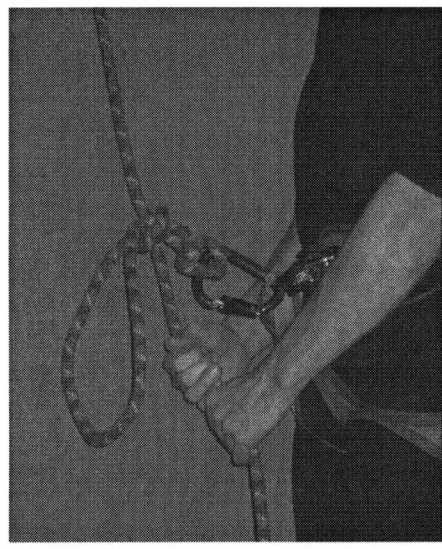

Blockieren des HMS mit Schleifknoten

Gefahren

Beim HMS- Sichern sollten stets beide Seilstränge nach oben geführt werden. Nur so wird die optimale Bremswirkung erreicht und es wird das Krangeln[1] des Seils vermieden. Wird das Seil nach unten gehalten besteht die Gefahr, dass das Seil unbeabsichtigt und unbemerkt den Schraubverschluss und den Schnapper öffnet. Das Seil kann sich aushängen und es besteht keine Bremswirkung mehr. Das Ablassen mit HMS wird sehr häufig falsch gemacht.

---

[1] Unter Krangeln versteht man die Bildung von kleinen Kreisen im Seil. Auf Dauer schädigen sie das Seil und erschweren die Handhabung.

Achtersicherung

Der Achter ist eine Sicherungsmethode mit geringer Bremswirkung[2] und daher eher für erfahrene Kletterer geeignet. Bei der Handhabung ist zu beachten, dass das Bremsseil für die größte Bremswirkung – *im Gegensatz zur HMS- Sicherung* – nach unten gehalten werden muss. Es sollte nur ein im Schraubkarabiner gegen Verrutschen fixierter Achter (s. Bild Gefahren) verwendet werden, der mittels Schraubkarabiner in Bein- und Gurtschlaufe eingehängt wird. Die häufig verwendeten herkömmlichen Achter sind gefährlich (siehe Gefahren).

Wichtig! Das Seil wird so in den Achter eingelegt, dass beide Seilstränge in Richtung Boden aus dem Achter laufen.

Seil einziehen und ausgeben

Zum Seil einziehen wird das Seil mit der Bremshand durch den Achter gezogen. Das Bremsseil soll hierbei nicht über die Horizontale hinaus gehoben werden. Beim Seil ausgeben wird umgekehrt verfahren. Das Bremsseil gleitet locker durch die nach unten gehaltene Bremshand, mit der anderen Hand wird das Sicherungsseil durch den Achter gezogen. Zum Nachgreifen umfasst die Bremshand das Seil mit lockerem Griff und gleitet am Seil entlang.

---

[2] Die Bremswirkung hängt erheblich von der Größe des Achters ab. Je kleiner dieser ist, umso besser bremst dieser.

Sicherungstechnik

Ablassen

Zum Ablassen wird das Bremsseil nach unten gehalten und mit beiden Händen gefasst. Das Seil gleitet langsam durch die Hände. Die Geschwindigkeit wird über die Griffstärke dosiert.

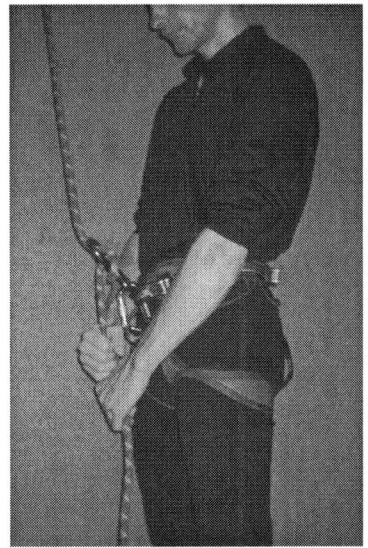

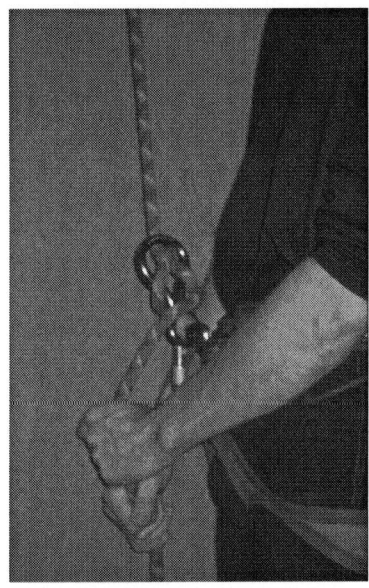

Blockieren

Die Achtersicherung kann durch überkreuzen der Seilstränge im Achter blockiert werden. Je nach Seildurchmesser und Achtergröße rutscht das Seil noch leicht, daher darf die Bremshand nicht gelöst werden.

Gefahren

Bei der Sicherung mit Achter sollte ein fixierter Achter verwendet werden. Ansonsten kann es bei Entlastung dazu kommen, dass der Achter über die Schraubsicherung des Karabiners rutscht und den Verschluss öffnet. Sehr gefährlich ist die Sicherungsvariante des schnellen Achters, hierbei wird das Seil nicht um die kleine Öse des Achters gelegt, sondern in den Karabiner eingehängt. Die Bremskräfte bei dieser Methode sind äußerst gering. Von dieser Art des Sicherns kann nur abgeraten werden.

Links: Fixierter Achter, ein Verrutschen über die Schraubsicherung ist nicht möglich.
Rechts: Schneller Achter

GRIGRI

Das GRIGRI ist ein Sicherungsgerät, dass ausschließlich für das Sichern in Einseillängenrouten beim Sportklettern konzipiert wurde. Für das alpine Klettern oder bei Verwendung von Klemmkeilen und Sanduhren als Zwischensicherungen ist es nicht geeignet. Im Prinzip darf beim GRIGRI – wie bei allen Sicherungsmethoden – nie das Bremsseil losgelassen werden. Seil ausgeben ohne niederhalten des GRIGRI ist allerdings kaum möglich und wird von kaum jemanden so praktiziert. Daher ist das GRIGRI zum Vorstiegsklettern nur bedingt geeignet. Gut geeignet ist es hingegen zum Topropeklettttern.

Sicherungstechnik

Seil einziehen und ausgeben

Das Einziehen des Seils mit dem GRIGRI erfolgt indem das Seil mit der Bremshand durch das Gerät gezogen wird. Zum Nachfassen gleitet die Bremshand locker am Seil entlang.

Um schnell und ausreichend Seil ausgeben zu können, muss das Bremsseil losgelassen werden. Die Bremshand fasst das GRIGRI und hält den Blockiermechanismus zurück indem der Daumen auf den goldenen Punkt gelegt werden. Die andere Hand zieht das Seil durch das Gerät.

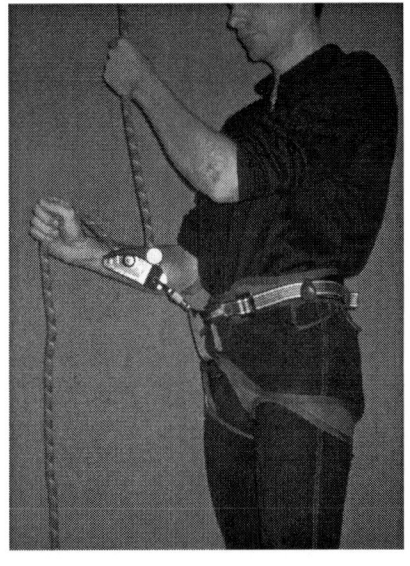

Seil ausgeben mit dem GRIGRI

Wichtig! In keinem Fall das GRIGRI umfassen.

Ablassen

Das Ablassen des Seilpartners erfolgt durch vollständiges Umlegen des schwarzen Hebels. Die Dosierung der Geschwindigkeit erfolgt über die Griffstärke der Bremshand am Bremsseil. Das Ablassen muss vorsichtig geübt werden.

Blockieren

Da das GRIGRI einen Blockiermechanismus hat, ist das Blockieren des Seils sehr einfach. Dennoch sollte auch bei blockiertem Gerät die Bremshand stets am Seil bleiben.

Gefahren

Gerade bei Kletteranfängern kommt es oft zu Fehlbedienungen des GRIGRI beim Ablassen. Auf die Gefahr beim Seil ausgeben im Vorstieg wurde bereits hingewiesen. Sichert man Kinder mit einem Gewicht von unter 20kg, kann der Fall eintreten, dass das GRI-GRI bei Belastung nicht automatisch blockiert.

Tubes

Die modernen Varianten der Stichtbremse werden als „Tubes" bezeichnet. Es gibt zahlreiche Varianten von verschiedenen Herstellern, die zum Teil in ihrer Anwendung von der hier beschriebenen röhrenförmigen Variante abweichen. Daher unbedingt die Bedienungsanleitung des Herstellers beachten. Die Bremskräfte der Tubes liegen bei Verwendung eines kleinen Schraubkarabiners zwischen denen der HMS- Sicherung und der Achtersicherung. Tubes sind gut zur Sicherung im Vor- und Nachstieg geeignet.

Sicherungstechnik

Seil einziehen und ausgeben

Auch bei Sicherung mit Tube wird das Bremsseil stets nach unten gehalten. Das Seil einziehen und ausgeben funktioniert analog zur Bedienung des Abseilachters.

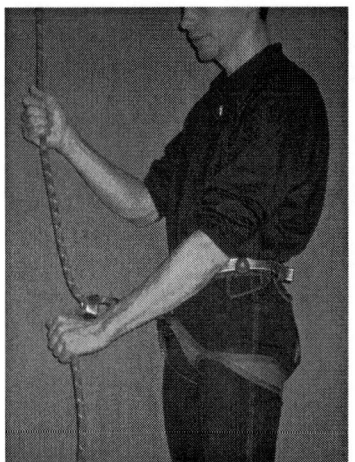 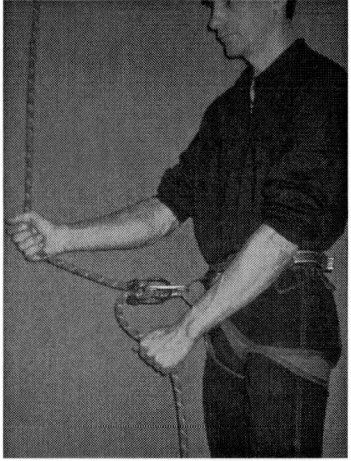

Ablassen

Zum Ablassen wird das Bremsseil nach unten gehalten und mit beiden Händen gefasst. Das Seil gleitet langsam durch die Hände. Die Geschwindigkeit wird über die Griffstärke dosiert.

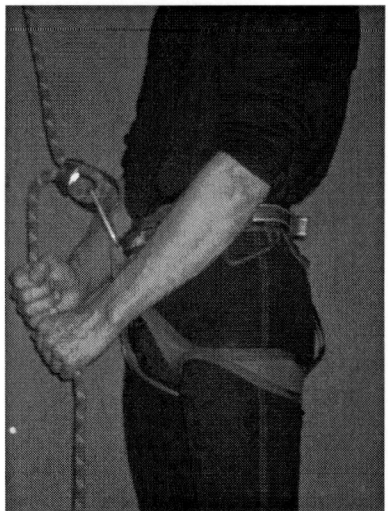

Blockieren

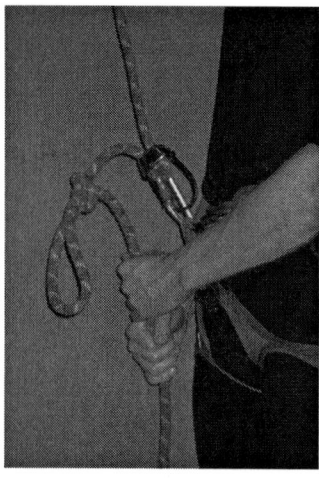

Die Tubes können durch einen Schleifknoten in das Bremsseil blockiert werden. Die Bremshand verbleibt trotz Schleifknoten immer am Bremsseil.

Gefahren

Bei Verwendung eines großen Schraubkarabiners wird die Bremswirkung reduziert.

Sicherungstechnik

Topropeklettern

Einbinden

Das Einbinden[3] kann mittels unterschiedlicher Knoten wie Achterknoten, Sackstich oder Bulinknoten erfolgen. Der gebräuchlichste Knoten ist der Achterknoten, da er einfach zu lernen ist.

Wichtig!
Beim Einbinden einen „Seilschwanz" von etwa 10cm lassen.

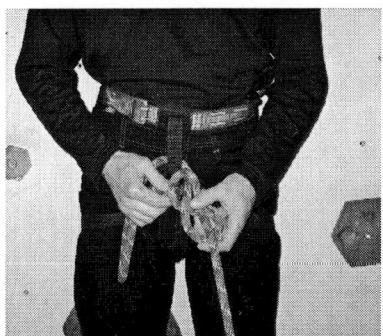 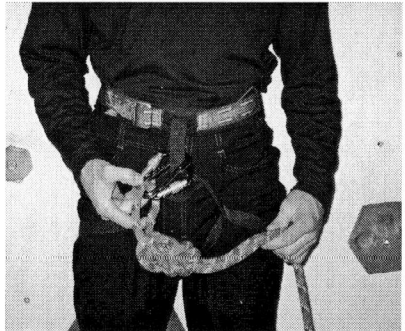

Das Einbinden beim Topropeklettern erfolgt mittels Achterknoten in die Anseilschlaufe. In vielen Kletterhallen sind bereits Knoten in die Seile vorgeknüpft, um den Kletterbetrieb zu beschleunigen. Hier *–nur beim Topropeklettern –* kann man die Anseilschlaufe mit dem fertigen Knoten mittels zweier gegeneinander verdrehter Schraubkarabiner verbinden.

---

[3] Das Verbinden des Seils mit dem Klettergurt wird Einbinden genannt.

Sicherungsmethode

Die besten Sicherungsmethoden für das Topropeklettern sind das GRIGRI, die HMS- Sicherung und die Tubes. Die Sicherheit beim Topropeklettern mit GRIGRI- und Tubesicherung kann erhöht werden, wenn etwa alle 5m ein Schleifknoten in das bereits eingezogene Seil geknotet wird. Dieser kann beim Ablassen leicht gelöst werden. Im Falle einer Fehlbedienung verhindert der Knoten das unkontrollierte Durchrutschen des Seils.

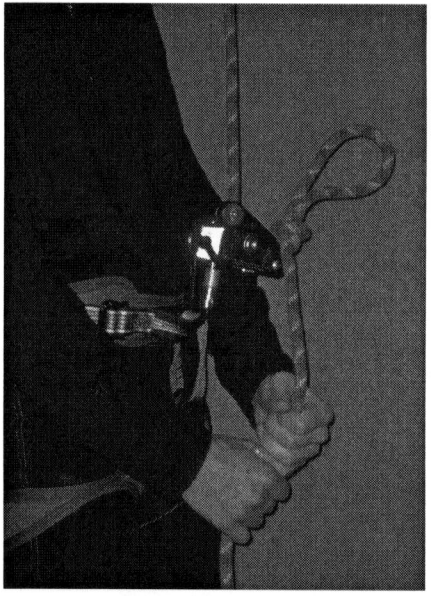

Zusätzliche Sicherheit beim Ablassen mit GRIGRI oder Tube durch einen Schleifknoten.

Wichtig! Beim Topropeklettern wird der Sturz oft unterschätzt. Gerade bei langen Routen wird die Seildehnung von etwa 5% nicht einkalkuliert. Aus drei Metern Höhe kann man allein aufgrund der Seildehnung bei 60m ausgegebenem Seil bis auf den Boden stürzen. Auf den ersten Klettermetern einer Route ist besondere Aufmerksamkeit notwendig.

Standort des Sicherers

Beim Sportklettern wird vorwiegend über Körper gesichert. Das heißt, es wird kein Standplatz gebaut, sondern der Sicherer steht am Boden. Im Falle eines Sturzes wird so ein Großteil der Sturzenergie durch den Sichernden aufgenommen. Der Sturz ist entsprechend „weicher" und die Sicherungskette wird weniger belastet.

Standort des Sicherers beim Topropeklettern.

Der Sicherer sollte beim Topropeklettern etwa in Falllinie des Umlenkpunktes stehen. Ansonsten besteht ebenfalls die Gefahr, dass er bei einem Sturz unkontrolliert gegen die Wand gerissen wird.
Bestehen große Gewichtsunterschiede zwischen den Seilpartnern, oder ist der Stand des Sichernden unsicher, dann sollte der Sichernde sich zusätzlich selbst sichern, um zu verhindern, dass der Sichernde unkontrolliert nach oben oder zur Wand gezogen wird.

Einrichten des Topropes

Für Hinweise hierzu siehe Kapitel Umlenken.

Einweisen in das Topropeklettern

Grundsätzlich gilt, dass mit einer Gruppe von Kletteranfängern besondere Vorsicht notwendig ist, da der Tatendrang der Kletteranfänger leicht zu gefährlichen Situationen führen kann.
Als erstes werden die notwendigen Knoten erklärt und geübt. Jeder muss die Knoten mindestens fünfmal fehlerfrei knüpfen, bevor es an die Kletterwand geht. Nachdem Anlegen der Gurte wird der Verschlussmechanismus erläutert, ausprobiert und der richtige Sitz kontrolliert. Günstig ist die Anseilschlaufe farblich zu markieren.

Wichtig!
Unbedingt darauf hinweisen sich *nur* in die Anseilschlaufe einzubinden bzw. über diese zu sichern.

Im nächsten Schritt geht es daran die Sicherungsmethode zu erläutern und zu demonstrieren. Hierbei werden mögliche Gefahrenquellen angesprochen. Die Kletteranfänger üben das Sichern zunächst in 1 bis 2m Höhe an der Kletterwand. Der Kletterlehrer muss alle Kletteranfänger beobachten und gegebenenfalls Hilfen geben. Erst wenn alle Kletteranfänger die Sicherungsmethode beherrschen, kann der Kletterbetrieb aufgenommen werden. Hierbei sollten Dreiergruppen gebildet werden, ein Kletteranfänger klettert, einer sichert und der Dritte hintersichert. Ein dritter Kletteranfänger hält beim Hintersichern das Sicherungsseil etwa 1,5m hinter der HMS- Sicherung locker in der Hand. Im Notfall muss er das Seil festhalten können.

Wichtig!
Der Kletterlehrer muss alle Gruppen beaufsichtigen und im Notfall eingreifen können. Man sollte sich daher nicht überschätzen und zu viele Gruppen gleichzeitig klettern lassen. Am Anfang nur eine, maximal zwei Gruppen gleichzeitig klettern lassen.

Für den Kletterbetrieb hat sich die *3-K-Methode* bewährt. 3-K beinhaltet die gegenseitige Kontrolle der Seilpartner von

Sicherungstechnik

Karabiner
Sind die Karabiner in der Anseilschlaufe eingehängt und zugeschraubt?
Knoten
Sind die Knoten jeweils richtig gemacht und in der Anseilschlaufe fixiert?
Kamerad
Ist der Gurt korrekt geschlossen?
Ist der Seilpartner bereit zum Sichern und aufmerksam?

Diese Punkte sollten vor jedem Einstieg in die Wand gegenseitig kontrolliert werden. Zusätzlich muss der Kletterlehrer noch eine Kontrolle von Knoten und Karabinern durchführen.

Tipp:
Günstig ist es, ein Zeichen, beispielsweise den Arm heben sobald die Seilschaft bereit ist, zu vereinbaren. Auf das Zeichen hin kontrolliert der Kletterlehrer die Seilschaft und gibt sein okay.

Vorsteigen

Einbinden

Das Einbinden erfolgt beim Vorsteigen *ausschließlich* direkt in den Gurt zum Beispiel mittels Achterknoten. Kontrovers diskutiert werden die beiden Möglichkeiten sich direkt in die Anseilschlaufe einzubinden oder das Seil durch die beiden Gurtschlaufen (Hüft- und Beinschlaufe) hindurch zu fädeln. Die erste Methode ist Material schonend, hat aber den Nachteil, dass der Anseilpunkt etwas tiefer liegt. Bei einem Sturz ist die Gefahr sich mit dem Kopf nach unten zu drehen etwas größer. Bei der zweiten Methode liegt der Anseilpunkt höher und die Gefahr des Drehsturzes ist geringer. Allerdings wird bei einem Sturz und beim Ausbinden das Material stärker verschlissen. Prinzipiell sind beide Methoden möglich.

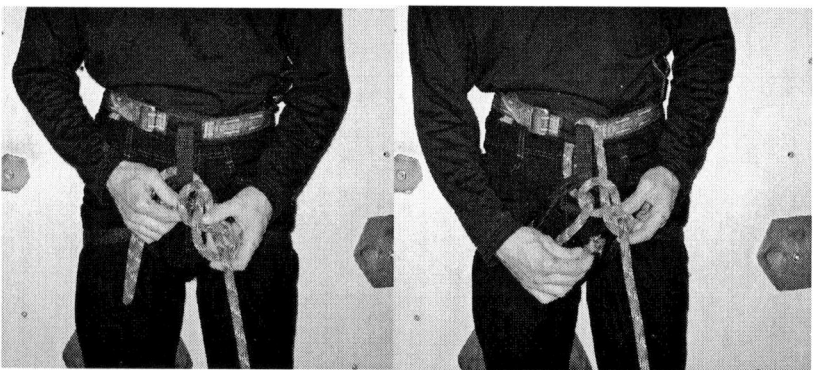

Anseilen durch Anseilschlaufe oder Bein- und Gurtschlaufe

Sicherungstechnik

Sicherungsmethode

Beim Sichern im Vorstieg steht der Sicherer vor dem Konflikt einerseits schnell Seil ausgeben zu müssen, andererseits muss er auch harte Stürze sicher halten. Für Ersteres benötigt er eine Sicherungsmethode, die wenig Bremswirkung hat, zum Halten der Stürze ist eine hohe Bremswirkung notwendig. Als guter Kompromiss in punkto Bremswirkung hat sich die Sicherung mit HMS oder Tube im Vorstieg bewährt.

Tipp:
Zum schnellen Seil ausgeben ist es sinnvoll zwei schnelle Schritte zur Wand zu machen.

Standort des Sicherers

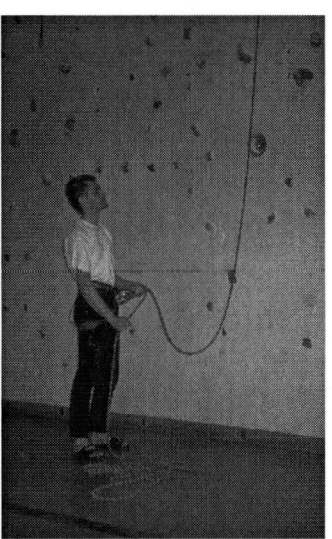

An den ersten Haken sollte der Sicherer möglichst nah an der Wand in Falllinie des ersten Hakens stehen. Ansonsten kann bei einem Sturz der Sicherer umgerissen werden und sich verletzen. Zusätzlich wird die Sturzhöhe des Kletterers erheblich erhöht und es besteht die Gefahr, dass dieser auf den Boden stürzt. Erst wenn mehrere Haken eingehängt sind, kann der Sicherer zur besseren Sicht einige Schritte vom Wandfuß entfernt stehen.

Einhängen der Haken

Das Einhängen des Seils in den Haken ist einer der gefährlichsten Momente beim Vorsteigen. Der Kletterer muss sich mit einer Hand festhalten, um mit der anderen Hand das Seil in den Karabiner einzulegen. Hierbei wird relativ viel Seil ausgegeben, ein Sturz ist entsprechend weit. Für das Haken einhängen gilt:

- Es soll schnell gehen.
- Es soll aus einer sicheren Kletterposition erfolgen.
- Es muss richtig gemacht werden.

Der Vorgang des Einhängens ist zunächst am Boden zu üben. Je nachdem von welcher Seite und mit welcher Hand das Seil eingehängt wird, benutzt man eine andere Methode. Bei Methode 1 wird mit dem Mittelfinger der Karabiner stabilisiert, das Seil wird mit Daumen und Zeigefinger gefasst und eingehängt. Bei Methode 2 wird das Seil zwischen Zeige- und Mittelfinger gehalten, der Karabiner umfasst und dann eingehängt.

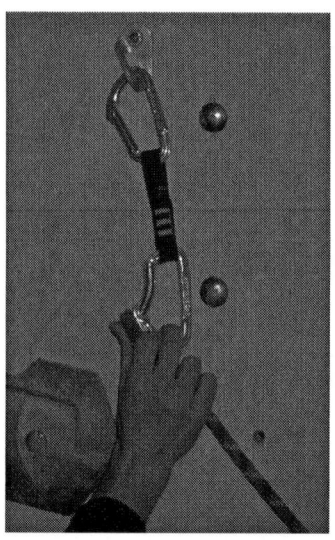

Einhängen

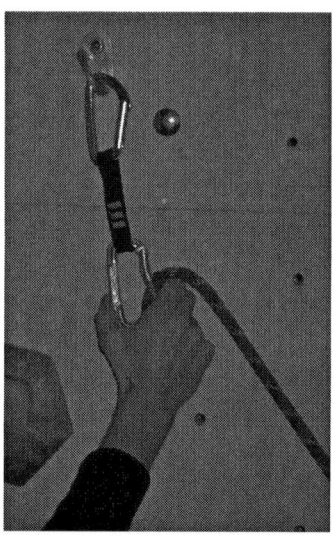

Sicherungstechnik

Beim Einhängen des Seils in den Karabiner ist die weitere Kletterrichtung zu beachten. Bei einem Sturz entsteht ein Peitscheneffekt, der zur Bildung einer kleinen Schlaufe führt. Im ungünstigsten Fall kann sich das Seil hierbei selbst aushängen.
Die Gefahr des Selbstaushängens ist besonders gegeben, wenn das Seil von oben nach unten in den Karabiner einläuft und wenn der Kletterer schräg aufwärts auf der Seite des Karabinerschnappers klettert (Bild).

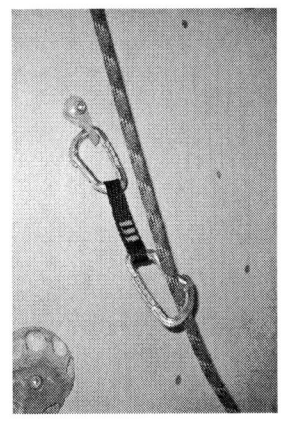

Weiter muss der Vorsteiger beachten, dass seine Beine nicht zwischen Seil und Fels geraten. In diesem Fall kann bei einem Sturz eingefädelt werden und man stürzt mit dem Kopf nach unten. Schwerste Verletzungen können die Folge sein.

Nicht einfädeln!
(links)

Richtig!
(rechts)

Tipps zum Einhängen

- Soweit es der Untergrund zulässt, sollte der Sicherer versuchen durch zwei schnelle Schritte zur Wand hin Seil auszugeben. Zwei Schritte nach vorn sind schneller gemacht als zwei Meter Seil durchgezogen.
- Wer seine Expressschlingen ordnet erspart sich oft Zeit beim Einhängen. Also beispielsweise die Karabiner so ordnen, dass alle Schnapper zu einer Seite zeigen.

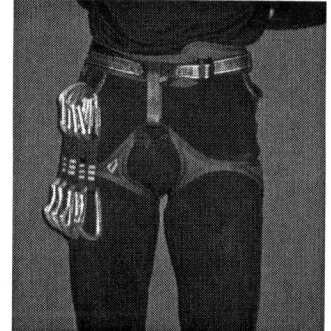

- Oft ist es sinnvoll mit dem Anseilpunkt bis etwa auf Hakenhöhe zu klettern bevor man das Seil in die Sicherung einhängt. Die meisten Haken sind so gesetzt, dass man in dieser Position einen guten Griff hat und leicht einhängen kann. Hängt man von weiter unten ein, dann muss sehr viel Seil nach oben gezogen werden. Dies ist nicht nur anstrengend, sondern hat auch den Nachteil, dass sich die potenzielle Sturzhöhe erhöht.

Stürzen

Beim Vorsteigen besteht jederzeit die Gefahr eines Sturzes. Ein Griff kann ausbrechen, der Fuß wegrutschen oder es kann einem die Kraft ausgehen. Gleich ob kontrollierter oder unkontrollierter Sturz, die bei einem Sturz auftretenden Kräfte werden meist unterschätzt. Schützend bei einem Sturz ist die Nachgiebigkeit des Seils und der Seildurchlauf der Sicherungsmethode. Die Elastizität des Seils und der Seildurchlauf verlängern den Bremsweg und reduzieren die maximale Bremsenergie (Fangstoß).

Sicherungstechnik

Neben der Härte des Sturzes ist die mögliche Sturzhöhe zu beachten. Der Vorsteiger muss ständig die mögliche Sturzhöhe abschätzen, um einen Sturz auf den Boden oder ein Band zu vermeiden. Für die Sturzhöhe gilt die Faustformel:

Sturzhöhe = 3mal Abstand Anseilpunkt zur letzten Sicherung

Der Abstand Anseilpunkt – letzte Sicherung mal zwei ergibt sich logischerweise als Sturzhöhe. Der Faktor drei ergibt sich aus Seildehnung, Seildurchlauf, dynamischer Sicherung zuzüglich einer Sicherheitsreserve.

Sturztraining

Um die auftretenden Kräfte bei einem Sturz zu erfahren, kann ein Sturztraining durchgeführt werden. Beide Seilpartner, Kletterer und Sicherer, sind hierbei gefragt. Der Kletterer muss beim Sturz die richtige, leicht sitzende Sturzhaltung einnehmen können und Körperspannung aufbauen. Der Sicherer muss die richtige Standposition kennen und sich auf das Halten des Fangstoßes vorbereiten.

Sturzstand

Zum Sturztraining benötigt man überhängendes, sicheres und freies Gelände, Verletzungsgefahren müssen ausgeschlossen werden. Zumindest der Stürzende sollte aus Sicherheitsgründen einen Helm tragen.
Der Sturzstand besteht aus zwei Haken, die mittels Kräftedreieck verbunden sind. Das Kräftedreieck wird aufgebaut, indem in jeden der beiden Haken ein Schraubkarabiner eingehängt wird. In diese kommt eine Bandschlinge. Die obere Verbindung der Schlinge wird einmal verdreht und mit einem weiteren Schraubkarabiner mit dem unteren Teil der Schlinge verbunden. Auf diese Weise wird bei Belastung die Kraft gleichmäßig auf beide Haken verteilt.
Zusätzlich sollten je nach Höhe noch mindestens drei weitere Haken in kurzen Abständen eingehängt sein. Als Umlenkkara-

biner werden zwei Schraubkarabiner verwendet. Der Sicherer ist selbst gesichert und ein zweiter Sicherer hintersichert. Es versteht sich von selbst, das als Sturzstand nur solide Bohrhaken verwendet werden dürfen.

Ein Sturz in selbst gelegte Klemmkeile setzt sehr viel Vertrauen in die eigenen Fähigkeiten voraus.

Umbauen

Um das eigene Material wieder aus der Wand zu bekommen, muss am Routenende umgebaut werden. Das Umbauen am Ende einer Route ist eine der gefährlichsten Situationen beim

Sicherungstechnik

Klettern. Die Wahl der Umbaumethode hängt von der Art von des Umlenkhakens ab. Einfach ist es, wenn zum Umlenken eine Kette mit Karabiner oder ein Sauschwanz verwendet werden kann. Hier wird das Seil nur eingehängt. Aufwendiger ist der Vorgang, wenn ein Haken mit einer geschlossenen Öse benutzt werden muss.

Umbauen bei großem Haken

Diese Methode funktioniert nur, wenn die Hakenöse so groß ist, dass das Seil doppelt hindurch passt.

Am Standplatz angekommen fixiert sich der Kletterer mit zwei gegeneinander verdrehten Expressschlingen am Umlenkhaken. Er zieht das Seil doppelt durch den Haken oder die Öse der Kette. In das durchgezogene Seil wird ein Sackstich geknüpft. Dieser wird mittels Schraubkarabiner an der Anseilschlaufe des Gurtes fixiert. Der Einbindeknoten kann nun gelöst werden und das freie Seilende aus der Hakenöse gezogen werden. Nun bekommt der Sicherer das Kommando „Zu". Der Sicherer nimmt den Kletterer auf Zug. Dieser kann darauf die Expressschlinge lösen, das Kommando „Ab" rufen und abgelassen werden.

Umbauen bei kleinem Haken

Am Umlenkhaken angekommen sichert sich der Kletterer mit einer Bandschlinge und Schraubkarabiner oder mit zwei gegeneinander verdrehten Expressschlingen am Umlenkhaken.

Nun zieht er 2-3m Seil hoch, knotet einen Sackstich in dieses Seil und sichert das Seil am Gurt. Im nächsten Schritt kann sich der Kletterer ausbinden und das Seilende durch die Hakenöse ziehen. Darauf bindet er sich wieder in das freie Seilende ein und gibt dem Sicherer Kommando „Zu". Der Sicherer nimmt ihn auf Zug. Ist dies erfolgt, kann der Kletterer die Selbstsicherung lösen, das Kommando „Ab" geben und abgelassen werden.

Umbauen bei kleiner Hakenöse

Sicherungstechnik

Tipp:
Während man abgelassen wird, empfiehlt es sich eine Expressschlinge in die Gurtschlaufe und das Seil zu hängen. Diese läuft mit und überhängende und schräg verlaufende Routen können einfach abgebaut werden. Vor dem Aushängen des untersten Hakens ist es wichtig zuerst die mitlaufende Express auszuhängen, um ein Umreißen des Sichernden zu vermeiden. Die unterste Sicherung wird zuerst aus dem Seil ausgehängt und dann aus dem Haken. Hierdurch wird das Hinabgleiten der Express am Seil vermieden.

Wichtig! Bei allen Umbaumethoden nimmt der Sicherer den Kletterer nicht aus der Sicherung.

Sonstiges

Durch intensives Topropen scheuern die Umlenkpunkte relativ schnell durch. Um dies zu vermeiden sollte zum Topropeklettern zwei gegeneinander verdrehte Expressschlingen oder ein Schraubkarabiner in den Umlenkhaken eingehängt werden.
Gelegentlich werden Umlenkhaken von mehreren Seilschaften gleichzeitig benutzt. In diesem Fall ist unbedingt darauf zu achten, dass die Seile nicht aneinander reiben. Reibt Seil auf Seil, dann schmilzt das Seil sehr schnell durch und reißt.

Tipp:
Sorge für Redundanz (doppelte Sicherheit) beim Umlenken. Es ist vorgekommen, dass der Nachsteiger die Umlenkung ausgehängt hat und ungesichert war. Klug ist es immer einen zweiten Haken, beispielsweise den letzten Haken vor der Umlenkung, einzuhängen.

Einweisen in das Vorsteigen

Die Vermittlung des Vorsteigens muss mit großer Vorsicht durchgeführt werden. Begonnen wird mit Trockenübungen am Boden bei denen das Einhängen des Seils geübt wird. Die erste Vorstiegsroute sollte mit Topropesicherung durchgeführt werden. Das Vorstiegsseil wird lediglich mitgeführt und in die Haken gehängt. Treten hierbei keine größeren Probleme auf, kann man im folgenden Schritt eine gut gesicherte, einfache Route vorsteigen.

Tipp:
Die Haken mit Bandschlingen verlängern oder eine Fixseil mit Achterknoten zum Einhängen verwenden. Hierdurch kann der Hakenabstand beliebig reguliert werden.

Bei allen Vorstiegsübungen muss der Sicherer besonders aufmerksam sein. Ein Anfänger sollte in diesem Fall nur unter Aufsicht durch den Kletterlehrer sichern.

Sichern in Mehrseillängenrouten

In manchen Sportklettergebieten sind die Routen weit mehr als 30-50m lang. Dann muss man einen Standplatz einrichten, sich selbst sichern und den Seilzweiten nachsteigen lassen. Nachfolgend werden die elementaren Schritte erläutert.

Die folgenden Informationen gelten nur für gut gesicherte Routen mit soliden Bohrhaken. Im alpinen Gelände, wenn keine Bohrhaken vorhanden sind, bedarf es wesentlich mehr Erfahrung einen Standplatz einzurichten.

Material, Vorbereitung

Der Materialaufwand in einer Mehrseillängenroute ist höher als beim herkömmlichen Sportklettern. Zusätzlich benötigt man eine armlange Bandschlinge mit Schraubkarabiner zur Selbstsicherung, ein Abseilgerät, einen HMS- Karabiner um den Nachsteiger zu sichern. Ein Helm ist dringend anzuraten, da in längeren Routen die Steinschlaggefahr erhöht ist. Die armlange Bandschlinge mit Schraubkarabiner wird mit Ankerstich in der Anseilschlaufe befestigt. Diese dient zur Selbstsicherung am Standplatz.

Sicherungstechnik

Sicherungsmethode

Zur Sicherung von Vor- und Nachsteiger ist die HMS- Sicherung zu empfehlen. Nur bei dieser Methode besteht auch bei Stürzen direkt in den Stand ausreichende Bremswirkung. Der Nachsteiger wird direkt über den Standhaken gesichert. Die Sicherung des Vorsteigers vom Standplatz aus kann entweder direkt über den Standhaken oder über Körpersicherung erfolgen. Die Sicherung über Körper ist nur geeignet, wenn Stürze direkt in den Stand ausgeschlossen sind. Beispielsweise wenn Zwischensicherungen eingehängt sind.

Unerfahrene Kletterer sollten grundsätzlich mit HMS über den Standhaken sichern.

Standplatz einrichten

Am Ende jeder Seillänge muss der Vorsteiger einen Standplatz einrichten. Als erstes sichert sich der Vorsteiger am Standplatz selbst. Entweder wird der Schraubkarabiner der vorbereiteten Bandschlinge in den Standhaken eingehängt oder das Seil wird nah des Einbindeknotens mit einem Mastwurf und Schraubkarabiner im Standhaken fixiert. Bei dieser Methode kann die Länge leicht verändert werden.

Selbstsicherung mittels Mastwurf oder Bandschlinge mit Schraubkarabiner

Nach dem Selbstsichern kommt das Seilkommando „Stand" als Anweisung den Vorsteiger aus der Sicherung zu nehmen. Ist dies erfolgt, so ruft der Seilzweite „Seil frei". Nun zieht der Vorsteiger Seil ein, bis der sichernde Partner „Seil aus" ruft. Der Seilerste hängt das Seil in die HMS- Sicherung und ruft „Nachkommen", worauf sein Partner mit „Komme" antwortet. Hat der Seilzweite den Stand erreicht, wird er ebenfalls wie oben beschrieben mittels Mastwurf oder Bandschlinge selbstgesichert. Die Selbstsicherung muss so lange aufrecht erhalten werden bis wieder einer der Seilpartner die Gefährtensicherung des anderen übernommen hat.

Abseilen

Nach längeren Routen, oder gelegentlich beim Zustieg zu schwer zugänglichen Felsen, muss abgeseilt werden. Hierzu Abseilen müssen vier Dinge beherrscht werden:
- Einrichten der Abseilstelle.
- Selbstsicherung.
- Abseilen.
- Selbstsicherung während des Abseilens.

Einrichten der Abseilstelle

Abgeseilt werden sollte nur von soliden Sicherungspunkten, am besten Bohrhaken. Sind keine Bohrhaken vorhanden, dann sollte beim Sportklettern nur von vergleichbar zuverlässigen Fixpunkten abgeseilt werden[4]. Dies kann beispielsweise ein Baum oder eine Bandschlinge sein, die um einen Felsblock gelegt wurde. Beim Einrichten der Abseilstelle ist bereits daran zu denken, dass das Seil sich nachdem man abgeseilt hat leicht abgezogen werden kann. Dies sollte durch Zug am Seil geprüft werden, bevor der letzte der Seilschaft abseilt.

---

[4] Beim alpinen Klettern wird häufig von Sanduhren, Ständen mit Normalhaken und ähnlichem abgeseilt. Die Beurteilung solcher Standplätze setzt sehr viel Erfahrung voraus.

Bei längeren Abseilstellen müssen unter Umständen zwei Seile miteinander verbunden werden. Dies erfolgt mittels Sackstichknoten, da dieser leicht abzuziehen ist.

Wichtig!
Bei Seilverbindungen unbedingt das Seilende merken, dass abgezogen werden muss.
Bevor das Seil nach unten geworfen wird, sollten die Seilenden mittels Sackstick verknotet werden. Ansonsten besteht beim Abseilen in unbekanntes Gelände die Gefahr des Durchrutschens am Ende der Abseilstrecke.

Selbstsicherung

Während man die Abseilstelle einrichtet muss man sich mit einer etwa armlangen Bandschlinge und einem Schraubkarabiner selbstsichern. Erst nachdem das Abseilgerät korrekt eingelegt ist, darf die Selbstsicherung gelöst werden.

Abseilmethoden

Das Abseilen erfolgt mit Abseilachter oder Tube.

Achtung!
Beim Abseilen mittels Abseilachter kann es durch wiederholtes Be- und Entlasten zum ungewollten Selbstaushängen des Achters kommen, wenn der Achter über die Schraubsicherung gerät und den Schnapper öffnet.
Es empfiehlt sich daher den Achter über zwei gegeneinander verdrehte Schraubkarabiner mit dem Gurt zu verbinden.

Selbstsicherung beim Abseilen

Als unerfahrener Kletterer oder beim Abseilen in unbekanntes Gelände sollte man sich beim Abseilen selbstsichern. Beispielsweise durch Steinschlag kann man in eine Notsituation geraten, in der man ohne Selbstsicherung abstürzen würde.

Kurzprusik

Bei der Selbstsicherung über eine Kurzprusik unterhalb des Abseilachters eine kurze Reepschnur mittels Prusikknoten in das Bremsseil geknüpft und mit einem Karabiner an der Beinschlaufe fixiert. Während des Abseilens wird die Kurzprusik mit der Bremshand mitgeführt.

Partnermethode

Als einfache Methode zur Sicherung des Abseilenden hat sich das Seilhalten des Kletterpartners am Boden bewährt. Hierbei steht ein Kletterpartner am Boden und fasst mit beiden Händen das Seil. Gerät der Abseilende in Not zieht der Seilpartner kräftig am Seil, das Durchlaufen des Seils wird verhindert. Diese Methode ist *nur* bei kurzen Kletterrouten, beispielsweise zum Abbauen einer Route, geeignet.

Sicherungstechnik

Die Arbeitsschritte beim Abseilen: Selbstsichern und Seil sichern > Seil durchfädeln und Seilende verknoten > Abseilgerät einlegen > Kurzprusik als Selbstsicherung beim Abseilen einlegen > Selbstsicherung aushängen und beim Abseilen die Kurzprusik mitführen

Teil 2: Klettertechnik

Ein Teil der Faszination des Kletterns liegt in der ständig neuen Herausforderung immer neue Kletterstellen zu bewältigen. Ständig variierende Griffe, Tritte, Wandneigung, Gesteinsart, Griff- und Trittabstände führen dazu, dass der Kletterer immer neue Lösungen für Kletterstellen finden muss. Hierbei möchte er auch noch möglichst Kraft sparend und ökonomisch klettern. Um diese Aufgabe bewältigen zu können, orientiert sich der Kletterer an Kletterprinzipien mit deren Hilfe er die technisch beste Lösung der nächsten Kletterstelle findet.
Den meisten Kletterern sind die Prinzipien nach denen sie eine Kletterstelle bewältigen allerdings nicht bewusst. Talent oder ein über viele Jahre erworbenes Bewegungsgefühl lassen sie unbewusst das „Richtige" tun. Dieser langwierige Prozess des unbewussten Erfahrens der Kletterprinzipien kann verkürzt werden, wenn man die Kletterprinzipien zielgerichtet erlernt und somit die Voraussetzung für eine gute, Kraft sparende Klettertechnik schafft.
In den folgenden Kapiteln werden neun elementare Kletterprinzipien und der Weg diese zu erlernen beschrieben.

Kletterprinzipien

Die Kletterprinzipien sind allgemeine, auf praktisch jede Kletterstelle übertragbare Grundregeln des Kletterns. Sie sind wie die Glieder einer Kette miteinander verbunden. Wird ein Prinzip nicht richtig angewandt, dann hat das negative Auswirkungen auf die anderen Prinzipien. Die Kletterprinzipien treten im Bewegungsablauf in drei Phasen von unterschiedlicher Charakteristik auf.

Klettertechnik

Vorbereitungsphase
Am Anfang der Kletterbewegung steht eine relativ lange, ruhige und überlegte Vorbereitungsphase. Die exakte Ausführung der Vorbereitungsphase ist sehr wichtig für das Gelingen der gesamten Bewegung. Oft wird ein Kletterzug zu hastig vorbereitet, wodurch beispielsweise Griffe übersehen oder nicht richtig gefasst werden. Dies kann die Bewältigung der Kletterstelle erschweren oder gar unmöglich machen.

Hauptphase
Das Gegenteil gilt für die folgende Hauptphase. Diese sollte zügig und entschlossen ausgeführt werden. Zögern führt häufig zum Misserfolg oder kostet unnötig Kraft. Jeder, der einmal einen Dynamo mehrmals unentschlossen angesetzt hat, kennt diese Kraft raubende Situation.

Endphase
Die Endphase dient der Stabilisation, der kurzzeitigen Entspannung und der sofortigen Überleitung zur Vorbereitung der nächsten Bewegung.

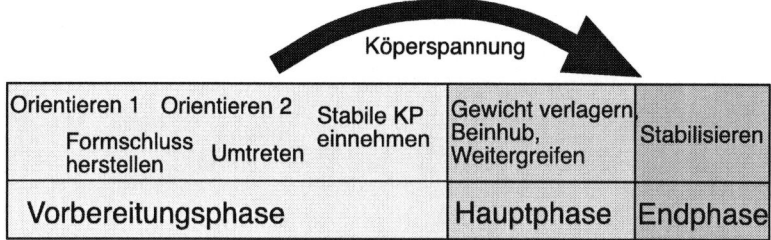

Orientieren 1 Orientieren 2	Stabile KP	Gewicht verlagern,	
Formschluss herstellen Umtreten	einnehmen	Beinhub, Weitergreifen	Stabilisieren
Vorbereitungsphase		**Hauptphase**	**Endphase**

Bewegungsablauf beim Klettern. Lange und ruhige Vorbereitung, entschlossene Hauptphase und überleitendes Ende.

Die Bewegung vorbereiten (Vorbereitungsphase)

Prinzip 1: Orientieren (Route)

Bereits vor dem Einstieg in eine Route schaut man sich den Routenverlauf an, analysiert Griff- und Trittmöglichkeiten, sucht nach Ruhepunkten und nach Stellen zum Einhängen der Haken oder Anbringen von Sicherungen, man erstellt einen Bewegungsplan. Ist man sich über den Weg an einer Stelle unsicher, sollte man sich vorab eine Alternative überlegen. In der Route ist jede Sekunde, die man nicht nach dem nächsten Griff suchen muss, Zeit und damit Kraft sparend. Für einen guten Bewegungsplan benötigt man sehr viel Bewegungserfahrung. Anfängern fehlt diese Erfahrung und können sich daher nicht optimal Orientieren. Sie müssen erst Fehler machen und aus diesen Erfahrungen lernen.

Vor dem Einstieg in eine Route sollte man folgende Fragen klären und sich die Antworten gut merken:
- Wo ist die Schlüsselstelle? Gibt es einen Punkt vor der Schlüsselstelle von dem aus ich mich auf die Schlüsselstelle vorbereiten kann?
- Gibt es Ruhepunkte (große Griffe, Verschneidung, Knieklemmer, Foothook), kann ich die Route in mehrere Passagen teilen? Viel Magnesia an einem Griff zeigt oft einen guten Schüttelpunkt an.
- Von welchen Griffen aus kann ich einhängen?
- Gibt es Griffe, die ich mit einer bestimmten Hand nehmen muss?
- Gibt es versteckte Griffe oder Tritte hinter Kanten unter Dächern, die ich nicht vergessen darf?
- Habe ich eine Alternativlösung für Kletterstellen, deren Bewältigung mir nicht hundertprozentig klar ist?

Klettertechnik

Vor dem Einstieg in eine Route erstellt man einen Bewegungsplan. Anhand markanter Details wird der Routenverlauf (alpine Route) oder sogar Bewegungen, Griffe und Tritte (kurze Route und Boulder) analysiert. Bereits am Boden wird die Route mit Händen und Füßen gedanklich geklettert und die Bewegungen werden imitiert.

Prinzip 2: Formschluss herstellen

Beim Greifen und Treten müssen die Unebenheiten und Rauhigkeiten der Griffe und Tritte optimal genutzt werden (Formschluss herstellen). Dies geschieht indem der Griff solange abgetastet wird bis die beste Fingerposition gefunden ist. Dann werden die Finger je nach Griff aufgestellt, hängen gelassen oder verklemmt. Gleichermaßen werden die Füße den Tritten angepasst.

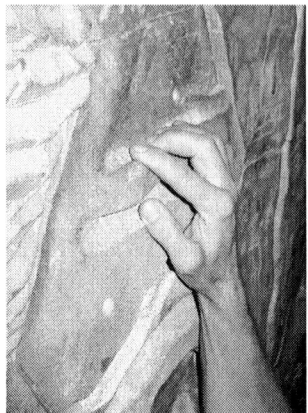 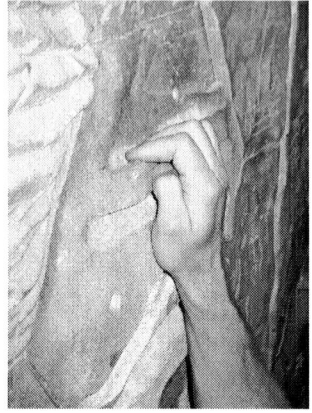

Links fehlt der Formschluss, die Fingerkraft wird schlecht auf den Griff übertragen. Rechts wird durch Aufstellen der Finger Formschluss hergestellt. Wichtig ist es, den Daumen als Gegenpart zu den Fingern zu nutzen, erst hierdurch wird die Hand zur Greifzange und kann ihre volle Kraft entfalten.

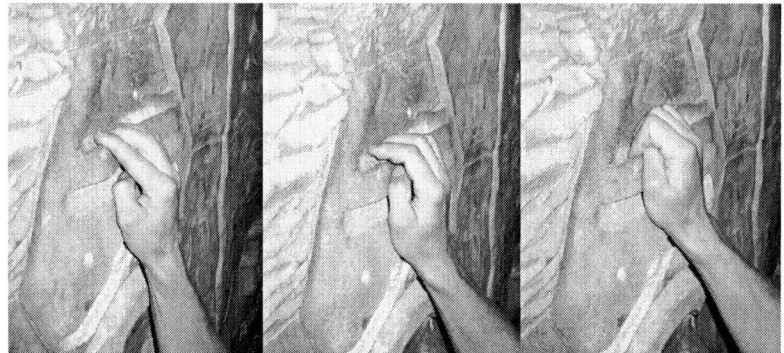

Hängende, halb aufgestellte und aufgestellte Fingerstellung. Je kleiner der Griff, desto stärker werden die Finger aufgestellt.

Klettertechnik

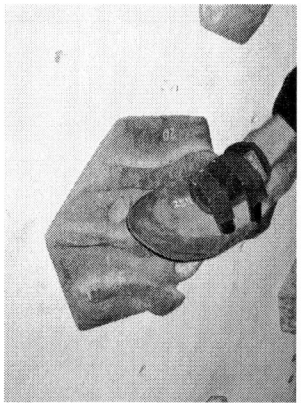
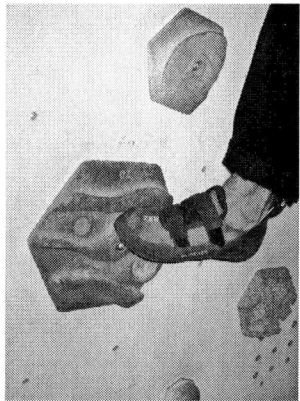

Links ist der Fuß ungenau gesetzt worden, die Unebenheiten des Tritts werden nicht optimal genutzt. Dies ist oft zu beobachten. Der Fuß wird nur auf den Tritt gestellt, nicht aber an die Trittstruktur angepasst. Rechts ist der Tritt exakt angepasst worden.

Antreten mit der Spitze, Innen- und Außenrist. Auch für das Anpassen der Füße an den Tritt gibt es keine feste Regel. Ob mit Spitze, Innen- oder Außenrist angetreten wird hängt von Tritt, Schuh und Kletterer ab. Häufig wird bei Löchern mit der Spitze angetreten. Mit dem Innenrist wird im steileren Gelände auf Leisten angestiegen und der Außenrist wird häufig beim Eindrehen auf Leisten oder beim Queren verwendet.

Neben dem Antreten mit Innen-, Außenkante und Fußspitze wird an Kanten, in Überhängen und Dächern häufig gehookt und gehakelt. Beim Hooken wird der Fuß mit der Ferse auf einen größeren Felsvorsprung gelegt oder in einem Loch verklemmt. Beim Hakeln wird mit der Fußspitze am Tritt gezogen. Hooken und Hakeln wirken wie eine dritte Hand und erleichtern den Halt der Füße am Fels. Vorsicht beim Lösen des Fußes, in diesem Moment kann ein sehr großer Pendelschwung entstehen.

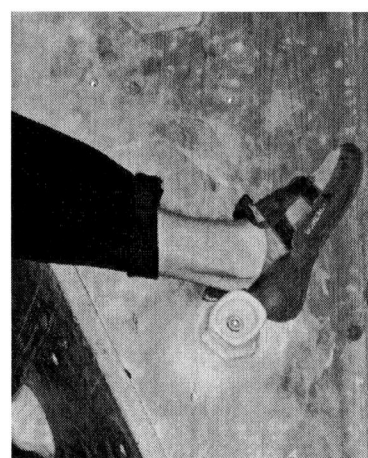

Hakeln und Hooken

Wichtig:
Oft bekommt man den Hinweis man solle „weich greifen". Gemeint ist, sich nur mit der notwendigen Kraft festzuhalten. Ich habe es noch nicht erlebt, dass sich jemand *ohne Grund* stärker als notwendig festhält. Das verkrampfte Festklammern am Fels hat immer eine Ursache. Der Anfänger hat Angst oder ist unsicher und klammert sich fest, während der Fortgeschrittene meint, er rutscht von abschüssigen Griffen ab. Wichtig ist es, dann die Ursache anzugehen, also beispielsweise Angst abzubauen.

Prinzip 3: Orientieren (Körperposition und Bewegungsablauf)

Das zweite Orientieren beim Klettern dient der Feineinstellung der Körperposition und der Entscheidung über den auszuführenden Bewegungsablauf. Ausgangspunkt sind hierbei die Griffe und Tritte.

Griffe und Tritte
Die Belastungsmöglichkeiten von Griff und Tritt bedingen die Körperposition und den Bewegungsablauf. Es ist sehr schwierig hierzu eine allgemeine Regel zu formulieren, da keine Kletterstelle der anderen gleicht. Jedes Mal muss diese Aufgabe erneut gelöst werden. Einige hilfreiche Grundregeln werden in den nächsten beiden Punkten erläutert.

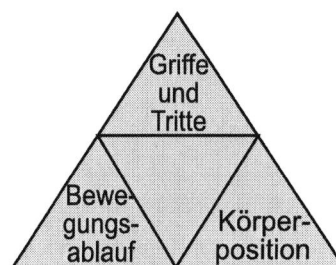

Bewegungsablauf
Grundsätzlich hat man die Möglichkeit, eine Kletterstelle *statisch* oder *dynamisch* zu klettern. Der Unterschied in den beiden Bewegungsabläufen liegt im Zeitpunkt des Greifens. Beim dynamischen Klettern erfolgt dies zeitgleich zum Beinhub, während beim statischen Klettern erst nach der Beinhub gegriffen wird[5]. Die größere Dynamik beim dynamischen Klettern erlaubt es, wie bei einem Sprung, größere Distanzen zu überwinden und Kraft sparender zu klettern. Dies erfordert zugleich eine höhere Bewegungspräzision, die nicht an allen Griffen und Tritten erreicht werden kann. Hingegen wird beim statischen Klettern durch die Pause vor dem Weitergreifen der Körper nochmals stabilisiert. Hierdurch wird eine größere Bewegungspräzision ermöglicht.

---

[5] Beim dynamischen Klettern wird oft noch eine Ausholbewegung vor dem Beinhub gemacht, um mehr Schwung zu haben.

Ob das Weitergreifen zum nächsten Griff statisch oder dynamisch erfolgt, hängt von folgenden Punkten ab:

- Statisch geklettert wird:
    - wenn die sichere und genaue Bewegungsausführung an erster Stelle steht und konditionelle Aspekte zweitrangig sind. Beispielsweise, wenn man sich in einer Reibungsplatte aufrichtet oder wenn man an sehr kleinen oder abschüssigen Griffen klettert.

- Dynamisch geklettert wird:
    - wenn konditionelle Aspekte überwiegen und die Griffgröße und –form dynamisches Klettern erlauben.
    - wenn die Ausgangsgriffe so klein sind, dass man den Schwung des Beinhubs benötigt, um eine Hand zum Weitergreifen zu lösen und der Zielgriff ausreichend groß ist.
    - wenn der Zielgriff außerhalb der statischen Reichweite liegt.
    - wenn keine stabile Körperposition gefunden werden kann, aus der man zum Zielgriff greifen kann.

Körperposition
Im geneigten und senkrechten Fels wird in der Regel eine frontale Körperposition durch Spreizen der Beine eingenommen. Im Überhang ist häufig eine eingedrehte Körperposition günstiger als die frontale Position.

Klettertechnik

Frontales Klettern: Nach dem Orientieren und Hochsetzen der Füße beginnt der frontale Bewegungsablauf am gestreckten Arm mit einer Gewichtsverlagerung zur Seite. Nach Möglichkeit folgt dieser ohne Verzögerung der Beinhub und das Weitergreifen. Die Körperspannung wächst dabei bis zum Fassen des Zielgriffes an. Ist dieser gefasst, kann man sich wieder am langen Arm entspannen. Häufig wird der Fehler gemacht, das gerade zum Zielgriff „gezogen" wird, da das Gewicht nicht zur Seite verlagert wird. Ein effektiver Einsatz der Beine ist so nicht möglich. Die „richtige" Bewegung hat einen kurvenförmigen Verlauf (Pfeil).

Merke:
Die Kombination aus Griffen, Tritten und Wandneigung gibt den Bewegungsablauf und die Körperposition vor. Welche Kletterbewegung man auswählt, ist eine Entscheidung, die sehr von der Erfahrung abhängt und schwierig zu erlernen ist.

Eindrehen: Beim Eindrehen wird am langen Arm begonnen. Zunächst wird am langen Arm die Hüfte eingedreht, das Körpergewicht an die Wand verlagert und Körperspannung aufgebaut. Darauf folgt möglichst ohne Verzögerung der Beinhub und das Weitergreifen. Am Zielgriff kann man sich wieder entspannen. Die Füße werden beim Eindrehen entweder zwischen zwei Tritten verspannt oder ein Fuß wird nur gegen die Wand gedrückt (s. oben). Ein häufig zu beobachtender Fehler ist das frühe Beugen der Arme, wodurch der Beinhub zum Armzug gemacht wird.

Prinzip 4: Umtreten

Um Höhe zu gewinnen, müssen *beide Füße* umgesetzt werden. Beim Umtreten ist das Optimum zwischen dem Hochsetzen der Füße in kleinen Schritten und dem sofortigen Hochsetzen der Füße zu suchen. Zudem hat man einen besseren Blick auf die Tritte. Zum Umtreten wird das Gewicht seitlich verlagert und so ein Fuß entlastet. Wichtig ist es, die Hüfte etwas von der Wand wegzunehmen, um eine bessere Sicht auf die Tritte zu haben.

Klettertechnik

Bild links: Ein Fuß wird in einem Zug sofort sehr hoch gesetzt, dies ist anstrengend. Bild rechts: Kraft sparender ist es mehrere kleine Schritte zu machen und so beide Füße hochzusetzen.

Merke:
Das rechtzeitige Hochsetzen *beider* Füße ist außerordentlich wichtig. Egal ob Anfänger oder Könner, oft genug wird dies vergessen. Dann heißt es: „Ich kann den nächsten Griff nicht erreichen. „Sche... Längenzüge!" Da dieser Fehler sehr häufig auftritt, solltest du eine Routine entwickeln. Sobald du beim Klettern nicht mehr weiter kommst, kontrolliere deine Füße:
„Kann ich sie noch höher setzen, kann ich sie auf andere Tritte setzen?"

Prinzip 5: Links- Rechts- Regel – Stabile Körperposition

Ziel des Umtretens ist es eine stabile Körperposition einzunehmen, aus der Beinhub und Weitergreifen eingeleitet werden können. Wird keine stabile Körperposition eingenommen, so entsteht die „offene Tür" und man dreht sich um die Körperlängsachse, wodurch der nächste Griff nicht erreicht wird.

Offene Tür aufgrund der fehlenden stabilen Körperposition (links). Hält man die Links- Rechts- Regel ein, indem man den linken Fuß belastet, kann die offene Tür vermieden werden (rechts).

Die stabile Körperposition wird eingenommen indem die *Links- Rechts- Regel* angewandt wird. Hierbei versucht man mindestens eine Hand oder einen Fuß der linken und rechten Körperseite am Fels zu belasten.

Merke:
Die stabile Körperposition ist ein sehr wichtiges, zentrales Prinzip beim Klettern. Überprüfe dich immer wieder, ob du die Links- Rechts- Regel beachtest, bevor du weitergreifst.

Die Bewegung ausführen (Hauptphase)

Prinzip 6: Körperspannung

Mit Beginn des Umtretens muss vor allem bei abschüssigen Griffen und Tritten sowie im überhängenden Fels Körperspannung entwickelt werden. Bei guten, nicht abschüssigen Griffen und Tritten ist es hingegen auch im Überhang möglich, Kraft sparend am gestreckten Arm mit relativ wenig Körperspannung zu klettern.

"Entspannt" und "Angespannt" je nach Qualität der Griffe. An guten Griffen und Tritten können wir uns am gestreckten Arm entspannen. Hierzu wird das Körpergewicht im Überhang von der Wand weg unter die Hände verlagert (Links). An schlechten Griffen und Tritten (Rechts) muss man Haftreibung erzeugen, um nicht abzurutschen. Der Kletterer muss entsprechend mehr Körperspannung entwickeln und das Körpergewicht durch Ziehen der Füße nah an die Wand verlagern.

Während der Bewegungsausführung, beim Körpergewicht Verlagern und Anheben wird zunehmend mehr Körperspannung aufgebaut. Mit dem Fassen des Zielgriffes wird die Körperspannung wieder abgebaut.

Prinzip 7: Körpergewicht verlagern, Beinhub

Zum Anheben des *Körpergewichts* wird dieses vor der Beinstreckung im geneigten Fels zunächst seitlich über die Trittfläche verlagert, um die Hubarbeit aus den Beinen verrichten zu können. Im Überhang ist es nicht möglich das Körpergewicht vollständig über die Trittfläche zu verlagern, da der Fels den Weg versperrt. Das Körpergewicht wird daher lediglich nah an die Wand gebracht. Die Füße werden hierbei meist verspreizt

(Links- Rechts- Regel), um ein Drehen um die „offene Tür" zu vermeiden. Nur in wenigen Situationen wird das Körpergewicht seitlich verlagert.
Erst nach der Verlagerung des Körpergewichts zur Seite bzw. nah an die Wand erfolgt die Hubarbeit durch Beinstreckung.

Körpergewichtsverlagerung im geneigten (links) und überhängenden Fels (rechts). Seitlich auf ein Bein bzw. nah an die Wand ins Zentrum der verspreizten Beine.

Im Dach und stark überhängenden Gelände gibt es kaum noch Beinhub. Je abschüssiger die Griffe und Tritte und je steiler der Fels, umso kleiner wird der Beinhub. Dennoch ist es im Dach wichtig, das Kör-

Klettertechnik

pergewicht an die Wand zu verlagern, um mittels Körperspannung das Abrutschen der Füße zu verhindern.

Beim dynamischen Klettern wird vor der Gewichtsverlagerung und dem Beinhub häufig eine Ausholbewegung gemacht. Der Umfang der Ausholbewegung richtet sich nach der Qualität von Griffen und Tritten. Je besser diese sind, umso weiter kann ausgeholt werden. Wobei nicht die maximale Ausholbewegung bis zum Absitzen auf den Unterschenkeln das Ziel ist.

Beim dynamischen Klettern ist wird der Gewichtsverlagerung und dem Beinhub eine Ausholbewegung (Bild 2) vorgelagert. Hierbei wird ein Winkel von etwa 60-80° im Kniegelenk des Beins (hier links), auf dem man sich aufrichtet, eingenommen.

Prinzip 8: Fließend klettern

Das Beherrschen des fließenden Kletterns – vorwiegend im überhängenden Gelände – ist das auffälligste Merkmal guter Kletterer. Fließend klettern bedeutet, die drei Bewegungen Körpergewicht verlagern, Beinhub und Weitergreifen miteinander zu einer Bewegung zu verbinden. Hierzu wird in der Regel aus einer mittleren Gelenkstellung der Beine und bei gestreckten Armen begonnen. Aus dieser Position wird flüssig, ohne Zögern, das Gewicht verlagert, der Beinhub und das Weitergreifen ausgeführt.

Soweit es die Stabilisierung des Gleichgewichts zulässt, sollte im Überhang – unter dem Aspekt der Bewegungsökonomie –

fließend geklettert werden. Hierdurch wird der Schwung der Hubarbeit für das Weitergreifen genutzt und Kraft gespart.

Im geneigten Fels ist fließendes Klettern nicht so bedeutend, da die Kraftanforderungen niedrig sind. Hier ist es oft wichtiger das Gleichgewicht zu sichern. Dies ist beim statischen Klettern durch die Pause vor dem Weitergreifen und der geringeren Dynamik einfacher.

Merke:
Bei Überwiegen von Kraftanforderungen wird fließend geklettert, überwiegen Gleichgewichtsanforderungen wird statisch geklettert. Die Affen im Zoo klettern an gutgriffigen Ästen mit viel Schwung und Dynamik. Die Katze auf dem Dach klettert langsam und achtet auf ihr Gleichgewicht.

Die Bewegung beenden (Endphase)

Prinzip 9: Stabilisieren und Entspannen

Mit dem Greifen des Zielgriffes erreicht die Körperspannung ihr Maximum und der Kletterzug ist beendet. Nun kann der Kletterer zum Orientieren für den nächsten Kletterzug am langen Arm die Körperspannung reduzieren und ohne Pause mit der nächsten Kletterbewegung beginnen.

Kletterprinzipien am Fels und in der Halle

Klettern an Kunstwand und Fels unterscheidet sich voneinander. Nach jedem Winter merkt man dies, wenn wieder die ersten Schritte am Fels gemacht werden und man mehr oder weniger orientierungslos klettert. Während nach dem Sommer der Wechsel an die steilen Kunstwände sich in Form von „dicken Armen" bemerkbar macht.

Die Unterschiede im Klettern draußen und drinnen erschweren oder erleichtern die Anwendung einiger Kletterprinzipien. Im Training und beim Klettern lernen sollten diese Unterschiede berücksichtigt werden.

Klettertechnik

Orientieren (Route)

Das Orientieren ist in der Halle wesentlich einfacher als in der Natur. Die Griffe sind farbig markiert, der Routenverlauf ist leicht zu erkennen. Draußen gibt es wesentlich mehr unterschiedliche Felsformationen, die Qualität von Griffen und Tritten kann nur schwer vom Boden aus abgeschätzt werden.
Konsequenz: Nimm dir draußen mehr Zeit zum Anschauen der Route!

Formschluss herstellen

Es ist sehr viel schwieriger die unzähligen unterschiedlichen Griff- und Trittformen in der Natur optimal einzupassen. Bei den Tritten kommt erschwerend hinzu, dass diese in der Natur meist als Löcher oder kleine Leisten auftreten, die im Fels liegen. Während an der Kunstwand Tritte oft aufgeschraubt sind und von der Wand abstehen.
Konsequenz: Achte draußen mehr darauf die Griffe und Tritte optimal einzupassen!

Orientieren (Körperposition und Bewegungsablauf)

Aufgrund der meist geringeren Steilheit beim Klettern in der Natur wird oft frontal geklettert. Es wird nicht so oft eingedreht wie in der Halle. Das Finden der besten Griffe und Tritte ist in der Natur schwieriger.
Da die Griffe und Tritte in der Natur oft nicht so gut sind wie in der Halle und der Fels weniger steil ist, wird sehr oft statisch geklettert. Dynamisches Klettern dominiert nur in den schwierigen Routen.
Konsequenz: Achte in der Halle und im steilen Fels draußen darauf, dich einzudrehen und plane dynamisch zu klettern!

Umtreten

Das Umtreten in kleinen Schritten ist in der Natur meist leichter, da das Trittangebot größer ist als an wenig strukturierten Kunstwänden.

Konsequenz: Achte draußen darauf die große Trittauswahl auszunutzen und steige in kleinen Schritten um!

Fließend klettern

Das fließende Klettern ist in der Natur erheblich schwieriger zu realisieren als in der Halle. Grund hierfür ist die erschwerte Orientierung, meist schlechtere Griffe und Tritte und die im Schnitt geringere Wandneigung. Dennoch gilt beim Klettern in der Natur in den steilen und schwierigen Routen die Maxime nach Möglichkeit dynamisch, fließend zu klettern. In den Routen der unteren Schwierigkeitsgrade ist fließendes Klettern weniger bedeutend.
Konsequenz: Versuche in der Halle und im steilen Fels fließend zu klettern!

Kletterprinzipien lernen

Wie gut man klettert, hängt davon ab wie viele Klettererfahrungen man hat und wie man die Kletterprinzipien situativ einsetzt. Beginnt man mit den Klettern, so hat man logischerweise nur wenige Erfahrungen und wenig Bewegungsgefühl fürs Klettern. Spätestens nach ein paar Klettertagen fühlt man, wie man klettern muss und denkt nicht mehr bewusst darüber nach, wie die nächste Kletterstelle anzugehen ist. Sammelt man weitere Klettererfahrungen, dann ist man irgendwann vielleicht in der Lage auch an der eigenen Leistungsgrenze fließend, ohne zu überlegen und (nahezu) fehlerfrei zu klettern. Man hat ein hohes Maß an *Klettergefühl* entwickelt.

In diesem Prozess haben die Kletterprinzipien eine große Bedeutung. Die Klettererfahrungen kann man sich als gespeicherte Informationen über die Kletterprinzipien und deren situativen Einsatz vorstellen. Der Zusammenhang von Prinzip und Situation wird als „Wenn- Dann- Regel" gespeichert. Beim Klettern ruft man diese Wenn- Dann- Regeln ab. Wichtig: Die Kletterprinzipien werden unbewusst gelernt. Man muss die Kletterprinzipien also nicht wie Vokabeln auswendig lernen, sondern entscheidend ist es, günstige Lernsituationen zu schaffen in denen man quasi von allein lernt. Beispiele für solche Lernsituationen sind im Übungsteil beschrieben.

Beispiele für Wenn- Dann- Regeln:

- Wenn ich den linken Griff nehme, dann muss ich vor dem Weitergreifen auch den rechten Fuß belasten (Links- Rechts- Regel).
- Wenn ich den Griff nicht erreichen kann, dann muss ich beide Füße hochsetzen (Umtreten).
- Wenn ich unsicher stehe, dann ist es günstiger statisch zu klettern (Orientieren Bewegungsablauf).

Lernprozess

Im Lernprozess des Kletterns werden drei Stadien durchlaufen. Jedes dieser Stadien ist durch typische Probleme gekennzeichnet, die sich durch geeignete Lern- und Trainingsmaßnahmen abbauen lassen.

Der Anfänger

Der Anfänger hat wenig Klettererfahrung, er kennt die Kletterprinzipien und deren situativen Einsatz nicht. Typisch für den Anfänger ist daher, dass der Fels im wahrsten Sinne des Wortes „begriffen" wird. Es werden alle möglichen und unmöglichen Griffe und Tritte ausprobiert. Ein geplantes Vorgehen ist nicht möglich. Er klettert langsam und benötigt viel Zeit zum Orientieren. Da die Kletterprinzipien – besonders häufig die Links- Rechts- Regel – noch nicht beherrscht werden, stellt die Kontrolle des Gleichgewichts ein Problem dar. Auch fließendes Klettern ist aufgrund der langsamen Orientierung noch nicht möglich. Trotz leichter Routen ist das Klettern sehr anstrengend. Oftmals wird bewusst über die auszuführende Kletterbewegung oder das anzuwendende Kletterprinzip nachgedacht, wodurch diese erst recht nicht gelingt.
Negativ wirkt sich oft das Vorhandensein von Störgrößen, insbesondere von Angst aus. Diese hemmen die Bewegungen,

führen zu einer weiteren Reduktion der Bewegungspräzision und zu einem unökonomischen und verkrampften Kletterstil.

Das Klettern des Anfängers lässt sich als *greiforientiert* beschreiben. Die Dominanz der Hände gibt die notwendige Sicherheit beim Klettern, der Bewegungsfluss ist noch stockend und die Sinneswahrnehmungen sind eher undifferenziert. Die Kletterprinzipien werden nur zum Teil angewandt.

Merke:
An dieser Stelle darfst du nicht verzweifeln. Auch dem besten Kletterer ist es am Anfang so gegangen. Üben hilft dir über dieses Stadium hinwegzukommen. Wichtig ist, dass du dir nicht zu schwierige Aufgaben stellst. Wiederhole am Anfang die gleiche Route einige Male. Du wirst sehen, dass es von Mal zu Mal besser geht. Beobachte andere Kletterer um eine bessere Bewegungsvorstellung zu bekommen.

Der Fortgeschrittene

Der Fortgeschrittene befindet sich in einem Stadium, das durch eine schwankende Leistung gekennzeichnet ist. Zum Teil werden die Bewegungsprobleme gut gelöst, dann werden aber wieder typische Anfängerfehler gemacht. Der Fortgeschrittene hat bereits einen großen Bewegungsschatz und beherrscht zahlreiche Kletterprinzipien, kann diese aber nicht immer der Situation richtig zuordnen. Bewegungen werden zwar geplant, das Orientieren ist aber noch nicht so weit entwickelt, dass dies immer erfolgreich ist. Hinzu kommt, dass im steileren Fels geklettert wird. Dies führt zu Problemen, da die Körpergewichtsverlagerung im steilen Fels nicht mehr seitlich sondern zu Wand hin durch Eindrehen erfolgt. Zudem ist das Entwickeln von Körperspannung im steilen Fels wichtig. Positiv ist der Wechsel der Wahrnehmung. Die optischen Eindrücke werden weniger wichtig und der Muskelsinn gewinnt an Bedeutung. Die für das Klettern wichtigen Informationen werden aus der Informationsflut ausgewählt.

Klettertechnik

> **Merke:**
> In diesem Stadium kommt es darauf an die Kletterprinzipien situativ richtig einzusetzen. Ein Schwerpunkt im Training ist deshalb die Bewegungsplanung. Dies erfolgt am günstigsten durch den häufigen Wechsel von Routen, Routencharakteristik (steil – geneigt) und Gesteinsart. Klettere nicht einfach drauflos, sondern versuche dir bereits am Boden einen möglichst genauen Bewegungsplan zu erstellen.

Der Könner

Der Könner hat die größte Erfahrung in der Anwendung der Kletterprinzipien. Er kann sich schnell orientieren und aufgrund der differenzierten Wahrnehmung präzise klettern. Sein Bewegungsablauf ist flüssig, er kann sein Gleichgewicht problemlos kontrollieren und muss keine unnötigen Bewegungspausen einlegen. Er klettert *fußorientiert*. Dies ist notwendig, da die konditionellen Anforderungen im oft überhängenden Fels hoch sind und das Klettern sehr komplex ist. Ein hohes Maß an Präzision ist notwendig. Man muss die kleinen und abschüssigen Griffe und Tritte mit entsprechender Körperspannung belasten. Hierdurch werden konditionelle Aspekte bedeutsamer. In diesem Stadium müssen Störgrößen vollständig ausgeschaltet sein, da die Schwierigkeit der Route oder Kletterstelle sehr viel Aufmerksamkeit vom Kletterer erfordert. Zahlreiche Prozesse laufen automatisch ohne bewusste Steuerung ab.

Merke:
Als Könner musst du auch unter Druckbedingungen (z.B.: dicke Arme, großer Hakenabstand, unbekannte Route, Zeitdruck) präzise klettern können. Dies wird durch die Variation der Ausführungsbedingungen trainiert. Klettern mit Vorermüdung oder blind klettern sind Beispiele hierfür.
Das Beispiel des Ausboulderns einer Route erklärt warum: Aus dem Hängen kann man meist in kurzer Zeit alle Kletterstellen gut bewältigen. Dann erfolgt der erste Durchstiegsversuch. Plötzlich gelingt eine Stelle, die vorher als leicht empfunden wurde, nicht mehr. Der Grund hierfür liegt darin, dass die Ausgangsbedingungen für die Bewegung sich minimal geändert haben. Man ist vielleicht etwas müde oder angespannt und die Kletterstelle muss geringfügig anders geklettert werden als aus dem Hängen, obwohl man die gleichen Griffe und Tritte nimmt.

Wichtig:
Die Variation ist in allen Lernstadien einer der Schlüssel zum Erfolg. Im Gegensatz zu der unter Kletterern weit verbreiteten Meinung, dass man eine möglichst schwierige Route versuchen sollte, um sich zu steigern. Wer als Fortgeschrittener oder Könner immer nur eine schwierige Route probiert und die Bewegungen einübt, wird zwar irgendwann Erfolg haben und diese Route klettern, aber er wird insgesamt nicht besser klettern. Die Leistung wird auf Dauer stagnieren. Wer als Fortgeschrittener oder Könner hingegen viele unterschiedliche Routen klettert, wird insgesamt besser klettern und seine Leistung weiter steigern können.

Lern- und Trainingsmethodik

Der Weg zum technisch guten, Kraft sparenden Klettern ist lang und besteht aus Üben, Üben und nochmals Üben. Hierbei werden aber nicht ziellos Klettermeter runtergespult, sondern es wird zielgerichtet, variantenreich und bewusst geklettert.
Die Methodik und die Übungen zum Erlernen, Anwenden und Variieren der Kletterprinzipien werden nachfolgend beschrieben.

Sicherheit

Wichtig:
o Beim Bouldern mit einer größeren Gruppe sind folgende Sicherheitsregeln zu beachten:
o Nur bouldern, wenn Matten unter der Wand liegen.
o Nie übereinander bouldern. Wenn einer stürzt, reißt er den anderen mit.
o Nie in die Haken oder Sicherungen greifen, dies kann zu Verletzungen führen.
o Maximale Boulderhöhe festlegen.
o Besser abklettern als abspringen.

Zusätzlich sollte als Hilfe- und Sicherheitsstellung das „Spotten" erlernt werden. Beim Spotten steht ein Kletterpartner (der Spotter) hinter dem Boulderer. Bei einem Sturz versucht der Spotter den Boulderer durch Druck und Stützen gegen den Rücken (besser gegen die Schulterblätter) zu einer Landung auf den Füßen zu verhelfen. Bei Stürzen aus größeren Höhen wird versucht den Boulderer „aufzufangen", um den Sturz glimpflicher zu gestalten. Der Spotter muss aufmerksam und eingriffsbereit den Boulderer beobachten. Die Hände sollten dazu etwa in Schulterhöhe vor dem Körper gehalten werden.

Spotten verlangt große Aufmerksamkeit. Es kommt darauf an, den Kletterer auch aus großer Höhe auf den Füßen landen zu lassen.

Geländewahl

Zum Klettenlernen ist eine Boulderwand ideal. Beim Bouldern besteht die Möglichkeit, gezielt Bewegungsprobleme zu erfinden und man kann sehr gut mit einem Partner oder Lehrer kommunizieren und so Fehler oder Probleme gemeinsam lösen. Der Störfaktor „Angst" ist durch die Verwendung von Matten und die geringe Höhe leicht auszuschalten. Erst auf höherem Niveau ist zu empfehlen, das Training zum überwiegenden Teil auch an höheren Wänden durchzuführen. Hier hat der Übende den Vorteil, dass er wesentlich mehr Bewegungen hintereinander macht.

Aufgaben stellen

Beim Klettenlernen ist es entscheidend, Aufgaben zu stellen und nicht Lösungen, wie beispielsweise durch Ansagen von Griff- Trittkombinationen, zu präsentieren. Ansonsten wird der Kletterschüler durch den Lehrer oder Trainer „geklettert". Dies führt zwar zu einem schnellen Erfolgserlebnis, beraubt dem Übenden aber der Chance die Lösung selbst zu entdecken und verhindert so die Weiterentwicklung des Kletterers. Um möglichst gut Probleme lösen zu lernen, ist die ständige Variation von Felsart, Wandneigung, Griff- und Wandform im Training wichtig.

Korrekturen

Auch dem besten Kletterer unterlaufen Fehler, die der Trainer oder Lehrer korrigieren möchte. Inhaltlich sollte die Fehlerkorrektur allgemeiner Natur sein, d.h. sie sollte den „Verstoß" gegen die Prinzipien korrigieren und nicht die exakte Lösung für eine Kletterstelle liefern. Bei der Korrektur darf der Übende nicht mit Informationen überschüttet werden, sondern man sollte versuchen *wenige,* dafür aber *wesentliche* Informationen zu geben. Eine erfolgreiche Korrektur ist nur möglich, wenn der Übende aufnahmebereit ist. Nach anstrengenden Kletterrouten sollte der Korrektur eine kurze Ruhepause vorgeschaltet sein.

Gestaltung von Belastung und Pause

Ein bislang ungelöstes Problem des Bewegungslernens ist die Gestaltung des Wechsels von Belastung und Pause. Beim Lernen werden die Informationen zunächst im Kurzzeitgedächtnis gespeichert. Die im Kurzzeitgedächtnis gespeicherten Informationen werden allerdings nach etwa 15 Sekunden wieder überschrieben. Damit Lerninhalte langfristig gespeichert werden, müssen sie daher häufig wiederholt werden. Zum dauerhaften Speichern ist eine Behaltenszeit von 30-60 Minuten notwendig. Wird eine Information über diesen Zeitraum behalten, dann wird sie im Langzeitgedächtnis gespeichert. Aus diesem Grund ist es beim Erlernen der Kletterprinzipien wichtig, ausreichend oft zu wiederholen. Gleichzeitig müssen angemessene Pausen gemacht werden, damit die Bewegungsausführungen qualitativ hochwertig bleiben.

Wie man den Kompromiss aus Belastung und Pause in der Praxis gestaltet, kann nicht pauschal gesagt werden. Man muss die Bewegungsqualität des Übenden beobachten und daraus die notwendigen Konsequenzen ziehen. Bei deutlich abnehmender Übungsqualität sollte man unbedingt eine Pause einlegen.

Merke:
- Jeder muss lernen, *seine* Fähigkeiten auf die Kletterstelle zu übertragen und *eigene* Lösungen für Bewegungsprobleme zu entwerfen.
- Man sollte nur die Prinzipien / Fehler korrigieren, die in diesem Lernstadium bedeutsam sind.
- Der Lern- Trainingserfolg wird dauerhafter und größer sein, wenn man viele leichtere Aufgaben selbständig löst, als wenn man einige schwierige Aufgaben mit der Hilfe anderer gelöst bekommt.

Übungseinheiten

Die Übungseinheiten gliedern sich in Lern- und Trainingsschwerpunkte, die jeweils dem Erlernen eines oder mehrerer Kletterprinzipien dienen. Dabei bauen die Schwerpunkte inhaltlich wie ein Kletterkurs aufeinander auf.

Die beschriebenen Übungen stellen nur eine Auswahl dar, die variiert und erweitert werden kann. Für das Klettertraining mit Kindern und Jugendlichen sind die Spielformen gedacht.

Die Griffe und Tritte erfühlen

Leistungsniveau: Anfänger - Fortgeschrittene
Gelände: Geneigt oder senkrecht
Ziel: Erfühlen des Formschlusses an verschiedenen Griffen und Tritten.
Wichtige Hinweise: Nicht krallen, sondern greifen; nur mit dem notwendigen Kraftaufwand festhalten. Fortgeschrittene sollten das Klemmen erlernen.

Klettertechnik

Anpassen der Finger: Versuche an verschiedenen Griffen die Finger optimal einzupassen. Musst du die Hand verdrehen, die Finger bündeln? Kannst du klemmen oder stopfen? Kannst du den Griff von oben, der Seite oder von unten belasten?
Mit und ohne Daumen: Versuche verschiedene Fingerstellungen mit und ohne Benutzung des Daumens. Spürst du wie durch Einsatz des Daumens die Hand zur Greifzange wird?

Anpassen der Füße: Versuche Tritte auf verschiedene Art und Weise zu belasten. Kannst du mit der Spitze oder Ferse stehen? Ist die Innen- oder Außenseite besser? Kannst du hooken?

Viele Tritte: Wähle zwei gute Griffe aus und versuche, mit den Füßen aus dieser Position heraus möglichst viele Tritte zu belasten (Reibungstritte, Löcher, Leisten, Hooks).

Alle Griffe – alle Tritte: Definiere einen Wandbereich in Kopf bzw. Fußhöhe von etwa 1,5 mal 1,5m. Versuche in diesem Wandbereich alle Griffe bzw. alle Tritte einmal zu halten (zu belasten). Die Wand sollte senkrecht sein.

Nur Struktur: Klettere bekannte Routen oder Boulder und benutze mit den Füßen nur die Wandstruktur. Mit den Händen benutzt du wie gewohnt die zur Route / Boulder gehörenden Griffe. Wenn die Wand keine Struktur aufweist, kannst du dich nur auf die kleinsten Tritte oder auf Spaxtritte (sehr kleine mit SPAX- Schrauben befestigte Tritte) beschränken.

Spielerisch:
Der Blinde: Bilde Teams aus je zwei Personen, ein Teampartner ist der Kletterer, der andere der Ansager. Dem Kletterer werden mit einem Tuch die Augen verbunden, so dass dieser blind klettern muss. Ein Partner steht am Boden und sagt dem blind kletternden Partner die nächsten Griffe und Tritte an. Dieser muss die Griffe und Tritte genau erfühlen und einpassen. Nach kurzer Zeit werden die Rollen getauscht.

Die Füße belasten und spreizen

Leistungsniveau: Anfänger
Gelände: Geneigt oder senkrecht, Verschneidungen
Ziel: Erlernen des Einnehmens der statischen Gleichgewichtsposition durch verspreizen und Vertrauen zu den Füßen entwickeln.
Wichtige Hinweise: Zunächst wird das Spreizen in einer Verschneidung geübt, hier ist es relativ einfach. Dann soll es auf das Wandklettern übertragen werden.

Übungsreihe Füße belasten:
- Klettere zunächst eine Verschneidung nach Belieben.
- Nun versuche, nach jedem Zug mit den Händen loszulassen.
- Darauf kletterst du die Verschneidung nur durch Stützen der Hände und unterstützenden Einsatz der Füße.
- Schließlich drehst du dich am obersten Punkt der Verschneidung um und kletterst mit dem Rücken zur Wand ab.

Ziel dieser Übung ist es, Vertrauen und Gefühl für das Belasten der Füße zu gewinnen und die stabilisierende Wirkung des Verspreizens zu erfahren.

Einbeinig: Klettere einige Züge an der Wand und benutze dabei ein Bein zum Stehen. Du musst bei jedem Zug ohne schnappen weitergreifen. Wo muss dein Fuß stehen, damit du eine statische Gleichgewichtsposition einnehmen kannst?

Zeitlupe: Klettere an einer Wand sehr langsam, wie in Zeitlupe, hinauf. Versuche stets eine statische Gleichgewichtsposition zu finden. Als Variante kannst du jedes Weitergreifen mehrmals ausführen.

Klettertechnik

Lautlos: Klettere eine Route und versuche dabei kein Geräusch mit den Füßen zu machen. Schlechte Fußtechnik „erhört" man oft an den Geräuschen der Füße.

<u>Spielerisch:</u>
Eine Hand frei: Mehrere Personen klettern an der Wand. Auf Zuruf bekommt ein Kletterer einen Gegenstand zugeworfen, den er fangen soll.

Posen: Ein Kletterer bewegt sich an der Wand und versucht besonders spektakuläre Kletterpositionen (einarmiges Hängen, Füße über Kopf) einzunehmen. Durch Klatschen der anderen Gruppenmitglieder wird die Pose bewertet.

An und ausziehen: Bilde Gruppen aus drei oder vier Personen. Jede Gruppe bekommt einen Schal, Handschuhe, Mütze und Jacke. Aufgabe des ersten Kletterers ist es, mit den Kleidungsstücken zu einem definierten Punkt in der Wand zu klettern, dort die Sachen auszuziehen und auf einen Kleiderbügel oder Ähnliches zu hängen. Der nächste Kletterer hat die umgekehrte Aufgabenstellung zu bewältigen usw.. Welche Gruppe ist die schnellste?

Reichweite: Definiere zwei Griffe an der Wand. Diese dürfen nicht losgelassen werden. Wer kann mit den Füßen die meisten Tritte berühren, ohne die Hände von den Griffen zu nehmen? Für jeden berührten Tritt gibt es einen Punkt. Wer erreicht die meisten Tritte?

Höhe gewinnen

Leistungsniveau: Anfänger und Fortgeschrittene
Gelände: Geneigt oder senkrecht, evtl. leicht überhängend
Ziel: Erlernen der Bedeutung des Hochsetzens der Füße und des Verlagerns des Körpergewichts
Wichtige Hinweise: Das Hochsetzen der Füße soll im senkrechten und überhängenden Fels am langen Arm erfolgen; der Schwerpunkt soll sauber auf ein Bein verlagert werden; soweit möglich sollten Hub und Weitergreifen zu einer Bewegung verschmelzen und fließend geklettert werden.

Balancieren: Klettere eine Reibungsplatte ohne Hilfe der Hände hinauf. Hierbei kommt es darauf an, das Körpergewicht seitlich zu verlagern, um sich aufrichten zu können. Gleichzeitig wird das Belasten von kleinen Tritten geschult.

Klettern ohne Hilfe der Hände im geneigten Fels

Zickzack: Klettere an einer leicht geneigten oder senkrechten Wand mit guten Griffen. Achte dabei darauf, das Körpergewicht deutlich sichtbar auf ein Bein zu verlagern und dich dann auf diesem Bein aufzurichten. Zur optischen Kontrolle kannst du ein

Klettertechnik

Seilstück so um die Hüfte binden, dass ein Ende senkrecht nach unten hängt. Das Seilstück sollte etwa bis zu den Sprunggelenken hinunter reichen. Du darfst dich erst aufrichten, wenn das Seilende auf den Fuß zeigt, auf dem du dich aufrichten möchtest.

In einem Zug: Klettere im senkrechten oder leicht überhängenden Fels und verbinde die Hubarbeit und das Weitergreifen zu einer flüssigen Bewegung. Wichtig ist, dass das Umtreten und Vorbereiten des Hubs möglichst am langen Arm erfolgt. Zweckmäßigerweise wird diese Übung in zwei Schritten eingeführt:

— Zunächst nur darauf achten, dass beide Füße *hoch* gesetzt werden. Hierdurch wird eine überstreckte Körperposition vermieden. Mit „hoch" ist dabei etwa kniehoch gemeint.
— Im zweiten Schritt soll zusätzlich darauf geachtet werden, dies mit kleinen Schritten zu tun, also vor der Endposition mehrmals Umtreten (für Fortgeschrittene im leicht überhängenden Fels).

Spielerisch:
Kleiner, großer Mann: Markiere an der Boulderwand mit zwei Seilen Bereiche, die von der einen zur anderen Seite immer kleiner werden. Aufgabe ist von links nach rechts innerhalb des Bereichs zu klettern. Im zweiten Schritt besteht die Aufgabe darin außerhalb der Markierung zu klettern. Wo ist es einfach, wo ist es schwierig?

Würfel klettern: Im oberen Teil der Boulderwand werden 12 Bierdeckel mit den Zahlen von 1 bis 12 gut sichtbar befestigt. Am Boden liegen zwei Würfel. Jeder Kletterer hat die Aufgabe die Würfel zu werfen und die Augenzahl der beiden Würfel zu addieren. Anschließend muss zu den Bierdeckeln mit der Augenzahl der Würfel und dem Gesamtergebnis geklettert werden. Alternativ hierzu kann die eigene Telefonnummer oder das Geburtsdatum „geklettert" werden.

Klettern nach Zahlen: An der Boulderwand werden 10 Bierdeckeln mit den Ziffern von 0 bis 9 in unterschiedlicher Höhe befestigt. Am Boden liegt eine ausreichende Anzahl von Bierdeckeln mit den gleichen Ziffern. Die Ziffern der Bierdeckel sind verdeckt. Der Kletterer zieht drei Bierdeckel aus dem Stapel und muss nun zu den entsprechenden Ziffern an der Boulderwand klettern.

Addieren: Gehe mit einem oder zwei Partnern zusammen. Einer beginnt zu klettern und macht 2 Kletterzüge an der Wand. Der Zweite klettert darauf die gleichen Züge und fügt zwei weitere an. Ebenso verfährt jeder weitere Kletterer. Insgesamt soll ein Boulder von 10-15 Zügen entstehen. Um die Schwierigkeit zu erhöhen, kannst du die Tritte mit einbeziehen.

Im Überhang klettern

Leistungsniveau: Fortgeschrittene
Gelände: Senkrecht und leicht überhängend
Ziel: Erlernen des Kletterns im Überhang.
Wichtige Hinweise: Ohne die notwendigen konditionellen Voraussetzungen ist diese Einheit nicht möglich. Für das Klettern im Überhang ist es notwendig, das Eindrehen zu erlernen und das aktive Treten / Ziehen der Füße. Soweit notwendig muss man Körperspannung aufbringen, um die Hüfte an der Wand zu halten. Auch im Überhang wird mit den Füßen geklettert!

Piazen: Piaze an Seitgriffen. Idealerweise steht hierbei im senkrechten Fels eine Piazschuppe oder ein Riss zur Verfügung.
- Zunächst wird die Schuppe mit den Füßen auf den Tritten erstiegen.
- Dann muss ein Fuß stets auf Reibung gesetzt werden.
- Im letzten Schritt werden beide Füße nur auf Reibung gesetzt. Die Verwendung von Tritten ist verboten.

– Ziel ist es, das Gefühl für die notwendige Körperspannung bei großem und kleinem Abstand von Händen und Füßen zu finden.

Übungsreihe Eindrehen: Eine Leiter bzw. Sprossenwand wird durch eine senkrechte Markierung in der Mitte in zwei Bereiche aufgeteilt. Wichtig ist es, bei allen Übungen an den „langen Arm" zu denken, die Hände und Füße werden wie beim Gehen diagonal gesetzt, das heißt auf die linke Hand folgt der rechte Fuß und umgekehrt.

– Erklettere die Sprossenwand. Dabei sollst du den Oberkörper weit von der Wand weg lehnen. Beginne mit einer Hand, darauf folgt der Fuß der Gegenseite. Die linke Hand und der linke Fuß sind im linken Feld und umgekehrt.
– Nun kletterst du wieder die Sprossenwand hinauf, dabei sollst du aber mit der linken Hand im linken Feld greifen und mit dem rechten Fuß im linken Feld steigen und umgekehrt. Achte darauf, dass du das belastete Bein beugst und so nah mit der Hüfte an die Wand kommst. Es sollte dich fast von selbst „eindrehen".
– Fasse nun den Mittelsteg der Sprossenwand, lehne dich soweit nach links oder rechts, dass du fast mit der Körperseite die Sprossen berührst und klettere seitlich (piaze) die Sprossenwand hinauf. Legst du dich nach links, dann ist der linke Fuß links vom Mittelsteg und umgekehrt.
– Fasse nun mit den Händen den Mittelsteg der Sprossenwand und setze den linken Fuß in das linke Feld und umgekehrt. Damit dies gelingt, musst du dich am langen Arm mit etwas Schwung von links nach rechts und umgekehrt drehen bis die Körperseite fast die Sprossen berührt. Ist die Körperseite fast an der Sprossenwand, dann bist du „stabil"

und kannst weitergreifen, den freien Fuß neu zu setzen und darauf dich nach oben drücken.
- Versuche dies nun an einer überhängenden Wand, zunächst an guten Griffen und Tritten, später auch an kleineren.

Tipp:
Nachdem du den Zielgriff gefasst hast, drehe dich um die Körperlängsachse. Dabei solltest du den belastenden Fuß stehen lassen bis du den unbelasteten Fuß auf dem neuen Tritt gesetzt hast. Dreh auf dem belasteten Tritt!

Übungsreihe Eindrehen: Beim Drehen nach rechts wird mit der rechten Hand weitergegriffen.

Gipsarm (Eindrehen leicht gelernt?!)

Klettere in einer überhängenden Wand an guten Griffen mit gestreckten Armen. Die Arme sollten so gestreckt sein, als wenn sie eingegipst wären. Um nach oben zu kommen, musst du dich eindrehen.

Übungsreihe Ziehen / aktiv Treten:
- Klettere die Wand hinauf. Wenn du einen Griff und zwei Tritte gefunden hast, lasse mit der unteren Hand los und versuche mit dem Bein der Gegenseite hoch anzutreten. Ziehe dich mit dem Tritt zum nächsten Griff.

Klettertechnik

- Danach folgt das Gleiche auf der anderen Seite. Hast Du das Gefühl gehabt, mit den Füßen gezogen zu haben?
- Im nächsten Schritt sollte dann die zweite Hand wieder mit verwendet werden.

Das Gelände darf nicht zu steil und die Griffe müssen gut sein. Ziel ist das Gefühl für das aktive Ziehen zu bekommen.

Queren: Quere an der Wand entlang und versuche, im Wechsel dich einzudrehen und frontal zu stehen. Jeder Griff darf nur einmal gegriffen werden, ein Auswechseln der Griffe ist nicht erlaubt. Der nächste Griff muss immer weiter in Kletterrichtung sein. Ziel ist das Erlernen des Variierens der Körperpositionen.

Körperspannung: Klettere in einem Dach oder an einer stark überhängenden Wand. Dabei musst du ständig Körperspannung entwickeln. Vermeide jeglichen Beinschwung. Verspreize dich!

Weichei: Klettere und versuche dich dabei möglichst wenig anzuspannen. Kletterst du am langen Arm? Setzt du die Füße hoch?

Spielerisch:
Anti- Pendel: Kannst du im Überhang klettern ohne das dir die Füße von der Wand wegpendeln?

Ballontanz: Klettere mit einem Luftballon unter dem Hemd. Jetzt kommst du nicht mehr so leicht an die Wand und musst dich eindrehen, um die Spannung niedrig zu halten.

Im Dach klettern

Leistungsniveau: Fortgeschrittene und Könner
Gelände: Waagerechtes Dach und stark überhängend
Ziel: Erlernen des Kletterns im Dach.
Wichtige Hinweise: Ohne die notwendigen konditionellen Voraussetzungen ist diese Einheit nicht möglich. Bei allen Übungen sollte darauf geachtet werden, die Füße rechtzeitig zu setzen, um einen Pendelschwung zu vermeiden. Im Dach müssen ausreichend gute Griffe zur Verfügung stehen.

Pendeln: Such dir im Dach zwei gute Griffe. Setze die Füße mit Schwung auf verschiedene Tritte im Dach und löse sie wieder.

Hook und Hakeln: Klettere an der Dachkante (im Dach) und lege den Fuß zur Entlastung auf große Tritte (Hook). Klettere im Dach und versuche durch Drücken mit einem und Ziehen mit dem anderen Fuß an großen Griffen zu hakeln.

Treiben lassen: Klettere ein Dach. Nach jedem Weitergreifen hänge dich aus. Der Körper dreht dich automatisch in eine Richtung. Setze nun die Füße auf Tritte, die in der Richtung liegen, in die du gedreht wurdest und klettere einen Zug weiter.

Dachklettern: Versuche nun ein Dach zu klettern. Leichter ist es, wenn am Anfang im Dachwinkel gequert wird, an der Dachkante gehangelt wird oder eine Dachverschneidung geklettert wird.

Spielerisch:
Tischboulder: Setz dich an der schmalen Seite auf einen Tisch. Versuche nun aus dieser Position durch die Tischbeine der schmalen Seiten unter dem Tisch hindurch zu klettern und dich auf der gegenüberliegenden schmalen Seite wieder auf den

Tisch zu setzen. Hooken und Hakeln ist ausdrücklich erlaubt. Achtung! Ein Partner muss den Tisch gegen Umkippen sichern.

Kopf unter: Wer kann die Füße im Dach so einhängen, dass er mit dem Kopf nach unten hängen kann?

Dynamisch klettern

Leistungsniveau: Fortgeschrittene und Könner
Gelände: Senkrecht und überhängend
Ziel: Erlernen des fließenden, dynamischen Kletterns.
Wichtige Hinweise: Griffe so aussuchen, dass die Verletzungsgefahr möglichst gering ist (große, runde Griffe auswählen); das Absprunggelände gut sichern, Spotter (Hilfestellung) nicht vergessen; wichtig ist von Anfang an auf die flüssige Ausholbewegung zu achten. Typischer Fehler ist eine schnelle Greifbewegung der Hände. Es sollte immer der ganze Körper beschleunigt werden, nicht nur schnell gegriffen werden.

Doppeldynamos: Gleichzeitiges, beidarmiges Weitergreifen nennt man Doppeldynamos. Am besten übst du diese im senkrechten oder leicht überhängenden Fels an guten Griffen. Bei dieser Übung ist es wichtig, eine deutliche Ausholbewegung zu machen und die Füße ausreichend hochzusetzen. Die Hubarbeit erfolgt aus den gebeugten Beinen heraus, die Arme unterstützen das Beschleunigen. Zunächst wird am Ort geübt, d.h. man definiert 4 Griffe, je 2 oben und unten, an denen man den Doppeldynamo ausführt. Wird die Bewegung am Ort beherrscht, kannst du dich mit Doppeldynamos fortbewegen. Als Zusatzaufgabe kannst du beim Weitergreifen ein- oder zweimal in die Hände klatschen.

Einarmig klettern: Klettere im senkrechten Fels an guten Griffen einen Quergang mit nur einer Hand. Beim nach links queren hältst du dich mit der linken Hand fest und umgekehrt. Wichtig ist, darauf zu achten, stets eine statische Gleichgewichtsposition durch Verspreizen einzunehmen.

Nur Sprung: Bei dieser Übung wird der Dynamo in zwei Teilbewegungen zerlegt. Zunächst machst du nur die Ausholbewegung und berührst die Wand mit der flachen Hand auf Höhe des Zielgriffs. Stimmt Richtung und Höhe, dann kannst du den Griff beim nächsten Mal festhalten.

Dynamos: Übe verschiedene Dynamos. Variiere Richtung, Sprunghöhe und Griffgröße.

Spielerisch:
Hochsprungwettbewerb: Definiere zwei Startgriffe. Von diesen wird mit gut gechalkten Händen los gesprungen und die Wand mit der Hand möglichst hoch berührt. Wer kann am höchsten springen? Bei guten Kletterern kann der Wettbewerb auch mit Festhalten des Zielgriffs durchgeführt werden.

Den Weg planen

Leistungsniveau: Fortgeschrittene und Könner
Gelände: Geneigt oder senkrecht, auch leicht überhängend
Ziel: Erlernen und Verbessern der Bewegungsplanung.
Wichtige Hinweise: Die Vorausplanung nach und nach ausdehnen, zunächst nur wenige Züge, später die ganze Route; Bewegungsabläufe verbalisieren, Bewegungen am Boden ausführen.

Berührt - Geführt: Ein oder mehrere Kletterer klettern an der Wand. Wird ein Griff (Tritt) angefasst (der Fuß darauf gesetzt), muss er auch gehalten und zum weiterklettern verwendet werden. Geschult wird die Bewegungsplanung.

Klettertechnik

Vorgabe: Es wird eine bestimmte Anzahl von Griffen vorgegeben (mit Kreide markieren). Die Kletterer haben die Aufgabe, vom Boden aus die passenden Tritte zu analysieren und vor dem Klettern anzugeben. Als schwierigere Variante können auch nur die Tritte vorgegeben werden und die Kletterer müssen die Griffe vor dem Klettern angeben.

Fernsteuern: Zu dieser Übung benötigst du einen Partner. Während dein Partner klettert, stehst du am Boden und zeigst mit einem Stock an, welchen Griff dein Partner als nächstes nehmen soll. Nach 6-8 Zügen wird gewechselt. Um die Schwierigkeit zu erhöhen, können zusätzlich die Tritte angezeigt werden. Hiermit trainierst du das Einschätzungsvermögen des Zeigenden und die flexible Anpassung beim Kletternden.
Variante: Zeige einen weiter entfernten Griff an und sage mit wie vielen Kletterzügen der Kletterer diesen erreichen soll.

Langsam - Schnellklettern: Quere an der Wand entlang. Zunächst kletterst du ganz langsam, wie in Zeitlupe. Dabei achtest du darauf, stets eine statische Gleichgewichtsposition einzunehmen. Als Kontrast kletterst du den Quergang beim nächsten Mal so schnell wie möglich. Jetzt kommt es zusätzlich darauf an, dass du dich unter Zeitdruck orientierst.

Von A nach B: Definiere einen Startgriff A und einen etwa 3m entfernten Endgriff B. Die Aufgabe besteht darin, von A nach B zu klettern. Bevor geklettert wird, muss ein Routenplan erstellt werden, in dem festgelegt wird, welche Griffe beim Klettern benutzt werden. Der Kletterer darf nur diese Griffe verwenden. Geht dies nicht, dann muss er zum Anfang zurück und einen neuen Routenplan erstellen.
Variante: Schwieriger wird es, wenn auch noch die Tritte vor dem Klettern festgelegt werden.

Visualisieren - Routenanalyse: Versuche vom Boden aus einen Bewegungsplan für eine Route zu erstellen. Dies kann in zwei Stufen geschehen. Bei der leichteren Variante legst du vom Boden aus die Griff- und Trittabfolgen fest. Bei der schwierigeren Variante versuchst du zusätzlich, die Technik zu beschreiben, mit der du die Stelle klettern willst (zum Beispiel: frontal oder seitlich, dynamisch - statisch). Beginne mit Bouldern von 8-10 Zügen, dann kannst du diese Übung auf kurze Routen ausdehnen (nur für Fortgeschrittene).

Spielerisch:
Hasenjagd: Vier bis fünf Kletterer bekommen ein Seilstück lose in die Hose gesteckt. Nun sollen diese Kletterer (Hasen) in einem definierten Bereich an der Wand klettern. Ein anderer Kletterer ist der Jäger, er soll versuchen die Seilstücke zu erjagen.

Pirouette: Klettere einen Quergang und versuche dabei dich immer wieder um die eigene Längsachse zu drehen.

Wegdefinieren: Klettere eine bestimmte Strecke. Wenn Du sie geschafft hast, darfst Du einen Griff markieren, den Du nicht genommen hast. Die anderen dürfen diesen Griff nicht nehmen. Danach ist der nächste dran, auch er darf einen Griff wegdefinieren, usw. Die wegdefinierten Griffe mit Kreide, Schlinge oder Klebeband markieren. Geklettert wird bis der erste Kletterer die Strecke nicht mehr schafft.

Spinne: Gehe mit einem Kletterer zusammen. Verbindet je eine eurer Hände locker mit einem Klettband. Nun sollt ihr versuchen, gemeinsam eine vorher bestimmte Kletterstrecke zurückzulegen.

Quergangsstaffel: Definiere an einer etwa 10-20m breiten Wand in der Mitte ein Ziel (Chalkbag in die Wand hängen). Aus einer Gruppe von Kletterern werden zwei gleich große Gruppen gebildet, die sich jeweils an einem Ende der Wand aufstellen. Auf Kommando starten die ersten beiden Kletterer jeder Gruppe und queren in die Wandmitte. Der Kletterer, der zuerst den Gegenstand in der Wandmitte berührt, bekommt einen Punkt für seine Gruppe. Die anderen Gruppenmitglieder klettern auf gleiche Weise um die Wette.

Präziser klettern

Leistungsniveau: Fortgeschrittene und Könner
Gelände: Senkrecht und leicht überhängend
Ziel: Steigerung der Bewegungspräzision.
Wichtige Hinweise: Eine ruhige und konzentrierte Umgebung ist notwendig; der Lernende soll über das eigene Klettern reflektieren. Insbesondere das Klettern an abschüssigen Griffen (Slopern) fördert die Präzision im Klettern.

Klettern mit Handicap: Klettere eine Route mit dicken Handschuhen bzw. unterschiedlichen Schuhen oder barfuss. Konzentriere dich dabei auf deine Wahrnehmung. Kannst du mit Handicap kleinste Strukturen erfühlen? Musst du präziser klettern?

Blind klettern: Das Klettern ohne optische Kontrolle erfordert ein hohes Maß an Konzentration und die Fähigkeit, Informationen aus dem Muskelsinn und dem Tastsinn in Bewegung umzusetzen.
– Suche dir eine Kletterstelle (bis 8 Züge) aus und klettere diese mit geöffneten Augen und präge dir den Bewegungsablauf ein.
– Dann versuche, die Stelle ohne Anschauen der Griffe zu klettern. Die Tritte dürfen noch angeschaut werden.
– Zum Schluss sollst du die Kletterstelle blind klettern.

Klettern an Slopern: Denke dir Boulder an Slopern aus. Zunächst klettere diese Boulder mit allen Tritten, dann begrenze die Trittauswahl Schritt für Schritt so, dass diese immer schlechter werden. Ziel ist es, die Bewegungspräzision zu erhöhen.

Pendel: Befestige ein Gewicht von 2-3kg an einer 50 cm langen Schnur um den Bauch. Beim Klettern bewegt sich das Gewicht wie ein Pendel unkontrolliert hin und her. Du musst deinen Krafteinsatz und das Gleichgewicht auf die Veränderung des Schwerpunkts und das Schwingen des Pendels einstellen. Die Kletterstelle sollte hierbei nicht zu leicht sein.

Spielerisch
Spion: Befestige Glöckchen an den Füßen oder Händen. Klettere so, dass kein Geräusch zu hören ist.

Kondition und Technik verbinden

Leistungsniveau: Fortgeschrittene und Könner
Gelände: Senkrecht und überhängend
Ziel: Die präzise Technik auch unter erschwerten Bedingungen anwenden.
Wichtige Hinweise: Die Boulder sollten einigermaßen bekannt sein. Aus Gründen der Motivation kann man zu zweit trainieren.

Klettern mit Gewichten: Klettere bekannte Boulder mit und ohne Zusatzgewicht. Wenn du Zusatzgewichte verwendest, sollten diese 1-3kg nicht überschreiten. Idealerweise befestigst du die Gewichte an den Händen. Bei dieser Übung kommt es darauf an, bekannte, schwierige Bewegungsabläufe variieren zu können und dich den veränderten Bedingungen anzupassen. Geschult wird auch das optimale Aufbringen von Körperspannung.

Boulder verbinden: Bei dieser Trainingsform kletterst du ein Boulder hinauf. Dann kletterst du auf einem einfachen Weg wieder zum Anfang des Boulders zurück und ruhst in einer guten Ruheposition. Diese kann beispielsweise aus zwei guten Griffen bestehen. Nach der Erholungsphase kletterst du einen weiteren Boulder. Insgesamt sollst du 2-4 Boulder verbinden. Klettere 4-6 Serien mit einer Serienpause von 5-10min.

Boulder spulen: Klettere 6-10 Boulder mit einer Länge von 5-10 Zügen. Zwischen den einzelnen Bouldern legst du eine Pause von 1-2min ein. Achte auf die korrekte Technik.

Kreiseln: Definiere an einer leicht überhängenden Boulderwand Griffe, die kreisförmig angeordnet sind. Von diesem Kreisel kletterst du zunächst eine Runde, dann zwei, dann drei usw.. Nach jedem „Kreiseln" pausierst du. Ideal ist es, wenn du mit einem Partner zusammen kletterst. Die Pause des Partners ist deine und umgekehrt. Achte auf die korrekte Technik.

Verschiedenes

Klettern und Naturschutz

Das Naturerlebnis ist einer der bedeutendsten Beweggründe Klettern zu gehen. Der Schutz des Lebensraumes Fels ist daher von jeher ein Anliegen der Kletterer, dem die gleichzeitige Nutzung der Felsen zur Ausübung des Klettersports gegenübersteht. Hierdurch kann mitunter ein Interessenkonflikt zwischen den Interessen des Klettersports und des Naturschutzes entstehen, der sich nur durch das Einhalten von bestimmten Spielregeln für beide Seiten verträglich lösen lässt. Damit dies auch in Zukunft möglich sein wird, ist gegenseitige Rücksichtnahme notwendig, um allen „Bewohnern" des Lebensraumes Fels gerecht zu werden.

Parken

Um Anwohner – insbesondere Landwirte und Waldbesitzer – nicht zu behindern, sollten Parkverbote unbedingt beachtet werden. Beim Parken darauf achten, dass auch breitere landwirtschaftliche Fahrzeuge den Weg noch befahren können. Fahrverbote sind unbedingt einzuhalten.

Zustieg

Der Weg zu den Felsen ist häufig stark durch Erosion gefährdet. Daher bitte die Wege und Pfade einhalten und nicht querfeldein laufen. Wiesen und Felder werden landwirtschaftlich genutzt und sollten nicht als Weg dienen.

Am Fels

Beim Klettern darauf achten, Pflanzen nicht zu beschädigen. Besonders sensible Zonen sind die Felsköpfe. Diese sollten nach Möglichkeit nicht betreten werden. Daher die Umlenkhaken am Ende der Route benutzen. Keinen Müll zurücklassen.

Verschiedenes

Sperrungen

Vor allem zu den Brutzeiten gefährdeter Vogelarten sind manche Felsen gesperrt. Der Zeitraum liegt in der Regel zwischen Januar und August. Räumliche Teilsperrungen von Felsen dienen dem Schutz bedrohter Pflanzen.

Diese Sperrungen unbedingt einhalten, um eine komplette Sperrung des Felsens zu vermeiden. Informationen zu den Sperrungen gibt es im Kletterführer oder aktuell im Internet auf den Seiten der jeweiligen IG- Klettern (www.ig-klettern.com).

Dämmerung

In der Dämmerung kommt das Wild auf die Lichtungen zum äsen. Man sollte vor Einbruch der Dämmerung den Fels verlassen haben, damit das Wild (und natürlich auch der Jäger) nicht gestört wird.

Kletterkurse

Kletterkurse stellen aufgrund der Anzahl der Personen immer eine Belastung für einen Kletterfelsen dar. Darum sollte man darauf achten, mit einem Kurs nicht stark frequentierte oder sehr sensible Felsen zu besuchen.

Neutouren

Vor dem Erschließen von neuen Routen oder neuen Felsen sollte man sich unbedingt mit der jeweiligen IG- Klettern in Verbindung setzen. Diese können Auskunft über etwaige Kletterbeschränkungen geben.

Wichtig!
Nur wenn jeder Kletterer diese Spielregeln einhält, wird es auf Dauer möglich sein an den Felsen zu klettern. Weise andere Kletterer auf die Spielregeln hin!

Klettern im Internet

Viele zusätzliche, hilfreiche und ständig aktualisierte Informationen zum Thema Klettern findet man im Internet. Hier eine kleine Auswahl empfehlenswerter Adressen.

Kletterseiten

www.climbing.de
Die größte deutschsprachige Kletterseite im Internet mit unzähligen Informationen. Verschiedene Datenbanken zu Klettergebieten und Kletterhallen ermöglichen das einfache Auffinden der nächsten Kletterziele. Ständig aktualisierte News rund ums Klettern.
www.rockclimbing.de
Internetseite mit zahlreichen Infos zum Thema Klettern. Besonders interessant sind etliche Bouldervideos.
www.softrock.de
Münchner Internetseite mit vielen Routentipps im oberbayerischen Raum. Es gibt ein eigenes Medizinforum für Fragen zu Verletzungen.
www.frankenjura.com
Der Online- Kletterführer für den Frankenjura. Man kann sich die Topos vieler Felsen ausdrucken.
www.bouldering.de
Informationen zum Bouldern im Frankenjura.
www.klettertraining.de
Die Seiten des Autors mit Infos zum Training von Kondition und Technik beim Klettern.

Magazine

www.klettern.de
Die Seiten von Klettern, dem deutschsprachigen Klettermagazin.
www.bergsteiger.de
Das Bergsteigermagazin aus dem Bruckmann Verlag.
www.klemmkeil.de
Die Seiten des norddeutschen Klettermagazins Klemmkeil.

Verschiedenes

Vereine

www.ig-klettern.de
Interessengemeinschaft der Kletterer in Deutschland, die sich um den Erhalt der Klettergebiete in Deutschland kümmert. In fast jedem Klettergebiet gibt es eine regionale IG- Klettern. Die IG- Klettern erarbeitet in Zusammenarbeit mit dem Naturschutz Kletterkonzepte und kümmert sich um die Sanierung alter Haken. Bei den IG´s kann man günstig Haken beziehen.
www.alpenverein.de
Internetauftritt des deutschen Alpenvereins mit interessanten Informationen zum Thema Sicherheit beim Klettern. Verschiedene Broschüren sind als PDF- Dateien erhältlich. Weitere Alpenclubs findet man unter www.alpenverein.at (Österreichisch), www.cai.it (Italien) und www.sac-cas.ch (Schweiz).

Rettungsorganisationen

www.bergwacht-bayern.de
Adresse der bayerischen Bergwacht.
www.bergrettung.at
Adresse der österreichischen Bergrettung.
www.rega.ch
Adresse der schweizerischen Rettungsflugwacht.

Sonstige

www.petzl.com
Mehrsprachige Internetadresse des Ausrüsters PETZL mit zahlreichen Informationen zum sicheren Klettern.

Kletterbegriffe

A.F. Alles Frei ist ein Begehungsstil aus dem Elbsandsteingebirge bei dem das Ausruhen an Zwischensicherungen erlaubt ist. Man muss nach dem Ausruhen aus der letzten Kletterposition wieder starten. Dieser Begehungsstil wird eigentlich nur im Elbsandsteingebirge aufgrund der besonderen Umstände der Absicherung angewandt.

Alpines Sportklettern Klettern von Mehrseillängenrouten nach den Regeln des Sportkletterns.

Band Nahezu ebener Felsabsatz in einer steilen Felswand.

Big Wall Klettern von großen Wänden bei dem man mehrere Tage in der Wand bleibt, zumeist wird technisch geklettert. Ursprünglich im Yosemite entstanden, wird mittlerweile aber auch im Himalaya und Patagonien betrieben.

Bouldern Als Bouldern bezeichnet man das – oft akrobatische – Klettern ohne Seil in Absprunghöhe. Bouldern wurde früher vorwiegend zum Training betrieben. Mittlerweile hat es sich aber als eigenständige Disziplin des Sportkletterns etabliert.

Bühler Kurz für Bühlerhaken, benannt nach dem Erfinder Oskar Bühler. Nicht rostender Bohrhaken, der in den Fels zementiert wird.

Buildering Klettern an Gebäuden. Diente in der Vorkletterhallenzeit oft als einzige Trainingsmöglichkeit. Es gab sogar für Köln einen eigenen „Builderingführer". Heute wird diese Variante oft unter dem Showaspekt betrieben.

Chalk Siehe Magnesia.

Dach Dachartig überhängender Fels.

En libre Französische Bezeichnung des Pinkpoint.

Flash Der Flash ist die sturzfreie Vorstiegsbegehung einer unbekannten Route im ersten Versuch. Das Sich- Ansagen- Lassen von Griffen und Tritten und das Beobachten anderer Kletterer ist erlaubt.

Free Solo Die – leider – oft mit dem Freeclimbing (Sportklettern) verwechselte sehr gefährliche Variante des Sportkletterns. Ge-

Verschiedenes

meint ist die Begehung einer Route unter Verzicht auf Sicherungsmittel und die Benutzung von Haken usw. zur Fortbewegung. In den Medien wird dies – trotz der intensiven Bemühungen um Aufklärung – oft als das Freeclimbing dargestellt. Tatsächlich wird diese Variante nur als absolute Ausnahme von sehr wenigen, sehr erfahrenen und bewusst handelnden Kletterern betrieben.

Hangdogging Zum Einüben von Routen wird nach einem Sturz einfach weitergeklettert. Früher war diese Variante verpönt. Heute ist sie üblich, um schwierige Routen einzuüben. O-Ton von Kletterlegende John Bachar: *„Hangdogging is aid climbing."*

Kamin Breiter, senkrechter Felsriss, breit genug um einen Kletterer in sich aufzunehmen.

Klemmblock In Rissen oder Kaminen verkeilter (verklemmter) Felsblock.

Leiste Sehr schmaler Felsabsatz, der als Griff oder Tritt dient.

Magnesia Eigentlich Magnesiumcarbonat, das wie beim Turnen benutzt wird, um die Finger trocken zu halten und besseren Griff zu haben. Magnesia trägt der Kletterer in einem speziellen Beutel, dem Chalkbag mit sich.

Onsight Die Rotpunkt-Begehung einer unbekannten Route. Der Kletterer darf keinen anderen Kletterer in der Route beobachten und auch sonst keine Informationen bekommen, also beispielsweise sich Griffe ansagen lassen. Das Anschauen der Route vom Boden aus ist erlaubt. Eine Onsight-Begehung ist nur einmal möglich und besonders schwierig. Von vielen Kletterern wird Onsightklettern deshalb als die Königsdisziplin angesehen.

Pfeiler Steiler, am oberen Ende abgesetzter, turmartiger Wandvorbau.

Pinkpoint Sturzfreie Begehung einer Route mit eingehängten Zwischensicherungen. Heute ist dieser Begehungsstil üblich. Wird ein Teil der Route wieder abgeklettert, kann das Seil in dem Haken belassen werden, von dem abgeklettert wurde. Dies wird häufig praktiziert, um sich beim Durchstiegsversuch die Kraft für das Einhängen des Seils zu sparen.

Platte Stark geneigtes, meist glattes, griff- und trittarmes Felsstück.

Rampe Schräges Band.

Riss Schmaler Felseinschnitt, der meist senkrechten Halt durch Verklemmen von Finger, Hand, Faust oder Schulter bietet.

Rotkreis Vorstiegsbegehung einer Route, bei der nach einem Sturz das Seil in der letzten Zwischensicherung eingehängt bleibt. Beim nächsten Versuch vom Boden aus klettert man dann einen Teil der Route „im Torope". Diese Variante ist aus der Mode gekommen. Früher wurde sie vor allem in Granitrissen angewandt, da es ein irrer Aufwand ist, alle Klemmkeile nach jedem Versuch zu entfernen.

Rotkreuz Sturzfreie Begehung einer Route im Toprope. Zählt aber eigentlich nicht so richtig. Wiederholungen werden nur im Vorstieg anerkannt.

Rotpunkt Die sturzfreie Begehung einer Route im Vorstieg mit Anbringen aller notwendigen Zwischensicherungen wird als Rotpunkt bezeichnet. Der Begriff Rotpunkt stammt aus dem Frankenjura, wo Kurt Albert und andere in den siebziger Jahren rote Punkte an den Einstieg frei gekletterter Routen malten.

Sandbagging Allseits beliebtes Abwerten schwieriger Routen.

Sanduhr Zu beiden Seiten geöffnetes Felsloch, durch das ein Seilstück gezogen werden kann.

Schwierigkeitsgrad Der Schwierigkeitsgrad gibt die Kletterschwierigkeiten einer Route an. Es existieren verschiedene Schwierigkeitsskalen. Am häufigsten verwendet wird die UIAA-Skala (momentan von II – XI), die französische Skala (4a – 9a). Für das Bouldern gibt es eine eigene Skala. Am gebräuchlichsten ist die Fontainebleau- Skala (4a – 8c).

Seillänge Kletterstrecke von maximal 40-60m zwischen zwei Standplätzen.

Sportklettern (engl. Freeclimbing) Sportklettern oder Freiklettern ist eine Form des Bergsteigens bei der es darum geht, sich nur an natürlichen Haltepunkten am Fels fortzubewegen. Seil und Haken dienen nur der Sicherung. Manchmal wird als Sportklettern erst das Klettern ab dem sechsten und siebten Grad bezeichnet.

Spotten Den Kletterpartner beim Bouldern im Falle eines Sturzes gegen eine unsanfte Landung sichern.

Stand(platz) Sicherungsplatz vor und nach jeder Seillänge.

Verschiedenes

Technisches Klettern Werden Haken und Seil zur Fortbewegung benutzt, dann spricht man vom technischen Klettern. Die goldene Zeit des technischen Kletterns lag in den fünfziger und sechziger Jahren, als mit Haken und Trittleitern die großen Alpenwände erstbegangen wurden. Für das technische Klettern gibt es eine eigene Schwierigkeitsskala von A0 bis A5. Heute wird diese Variante vorwiegend bei Big Walls eingesetzt.

Toprope Klettern mit Seilsicherung von oben.

Überhang Meist kurzes Felsstück, steiler als die Senkrechte.

Verschneidung Zwei in stumpfen Winkel aufeinander treffende Felswände bilden eine Verschneidung. Optisch ähnelt diese einem aufgeschlagenen Buch.

Wettkampfklettern Variante des Sportkletterns, die in den achtziger Jahren in Italien entstanden ist. Es gibt ein internationales Regelwerk, EM, WM und den Weltcup. Wettkampfklettern bietet den direkten Leistungsvergleich zwischen Kletterern.

Work- Out (After Work) Wettkampfform bei der die Kletterer die Route vor dem Wettkampf etwa 20-30min einüben dürfen.

Der Autor

Guido Köstermeyer begann im Alter von 12 Jahren mit dem Klettern im Ith. Dort konnte er mit *Magnus der Magier* 1987 die erste 10- in Norddeutschland erstbegehen. 1989 zog er in die Fränkische Schweiz wo ihm die erste Wiederholung von *Wallstreet* (11-) gelang. Auch im Wettkampfklettern hinterließ er seine Spuren mit dem Gewinn der Deutschen Meisterschaft 1991 und dem Dritten Platz bei der Weltmeisterschaft im gleichen Jahr. Als erster Deutscher gewann er einen Welt- Cup Wettbewerb (Nürnberg 1992). Nach der Wettkampfzeit widmet er sich nun wieder ganz dem Klettern in der Natur, wo er 1995 *Shangrila* (11-/11) erstbegehen konnte.

Von 1998 bis 2000 betreute er die deutsche Sportkletternationalmannschaft als Trainer. Momentan arbeitet er am Institut für Sportwissenschaft und Sport der Universität Erlangen- Nürnberg. Er befasst sich mit trainings- und bewegungswissenschaftlichen Fragen des Sportkletterns.

Als Autor ist er unter anderem durch das Trainingsstandardwerk *„Peak Performance" Klettertraining von A-Z* in Erscheinung getreten.

Literatur

Beroujon, Y. et al. (1997): Jeux en escalade. FFME, Caluire.
Enzensperger, E. (1924): Handbuch der Leibesübungen. Band 6 Bergsteigen. Weidmann, Berlin.
Horst de, E. (2001a): The left right rule. Verfügbar: http://www.horstnet.com/flash/ch3rule.html (3. Januar 2001).
Köstermeyer, G., Tusker, F. (1997): Sportklettern Technik- und Taktiktraining. Lochner Verlag, München.
Köstermeyer, G., Tusker, F. (1997): Kinematische Analyse einer dynamischen Klettertechnik. Leistungssport (2) 43-46.
Köstermeyer, G. (2001): Peak Performance, Klettertraining von A-Z. 3. Aufl. Lüma- Verlag, Hersbruck.
Köstermeyer, G., Dörfer, S. (2002): Anwendungshäufigkeit und Anwendungsfehler ausgewählter Sicherungsmethoden. Unveröffentlichtes Manuskript Erlangen.
Kümin, C., Kümin, M., Lietha, A. (1997): Sportklettern - Einstieg zum Aufstieg. Kümin/Lietha SLV.
McClure, S. (2001): On Sighting. Verfügbar: http://www.timeoutdoors.com/climb/sport/4CLMSM0108 1111E.htm (8. Oktober 2001).
Morstad, M. (2000): Training for Bouldering vs Routes. Verfügbar: http://www.8a.nu/eng/index.shtml (30. Dezember 2000).
Radlinger, L., Iser, W., Zittermann, H. (1983): bergsporttraining. BLV Sportwissen, München.
Randelzhofer, P. (1996): Zur Wirkung und Funktion von Sicherungsgeräten beim Klettern. Diplomarbeit München.
Richardson, A. (2001): Techniques. Verfügbar: http://www.timeoutdoors.com/climb/beginners/4CLMALR 01090404E.htm (8. Oktober 2001).
Schädle-Schardt, W. (2002): Klettern – Lernen – Erleben. Meyer & Meyer Verlag, Aachen.
Schmidt R. A. (1988): Motor Control and Learning. A behavorial emphasis. Human Kinetics, Champaign Illinois.